图书在版编目（CIP）数据

商业模式转换一点通：中小企业快速盈利三部曲 / 张雷著 . — 北京：中国财富出版社，2018.5（2020.2 重印）

ISBN 978-7-5047-6643-4

Ⅰ.①商… Ⅱ.①张… Ⅲ.①中小企业－商业模式－研究 Ⅳ.① F276.3

中国版本图书馆 CIP 数据核字（2018）第 098519 号

策划编辑	谢晓绚	责任编辑	张冬梅　王　君		
责任印制	梁　凡	责任校对	孙会香　张营营	责任发行	董　倩

出版发行	中国财富出版社
社　　址	北京市丰台区南四环西路 188 号 5 区 20 楼　邮政编码　100070
电　　话	010-52227588 转 2098（发行部）　010-52227588 转 321（总编室）
	010-52227588 转 100（读者服务部）　010-52227588 转 305（质检部）
网　　址	http://www.cfpress.com.cn
经　　销	新华书店
印　　刷	北京兰星球彩色印刷有限公司
书　　号	ISBN 978-7-5047-6643-4/F · 2882
开　　本	710mm×1000mm　1/16	版　次	2018 年 7 月第 1 版
印　　张	16.25	印　次	2020 年 2 月第 2 次印刷
字　　数	255 千字	定　价	69.00 元

版权所有·侵权必究·印装差错·负责调换

引 言

随着经济形势越来越严峻，中小企业的生存空间正在逐渐变小。尽管中国民营企业取得了令世界瞩目的成绩，但随着全球经济一体化的到来，企业竞争越来越激烈，各行各业供大于求。

国家大力推行的供给侧改革政策，直接要求企业"去产能""去库存"，产品同质化的严重程度可见一斑，同时行业内部越来越透明，传统企业的利润空间越来越小。

我也是从小企业一点点做起来的，这样的情况也经历过。我之前在外资公司做高管的时候，接触过一家国际知名咨询公司，这家公司通过商业模式的转换，在几年的时间里，将我供职的外资公司的销售额从一年几千万元打造成一年十几个亿，这让我见到了商业模式转换的力量。后来自己创业，通过商业模式转换，很快将自己的企业——诚宇包装打造成行业细分领域的No.1。

为了让更多的企业家少走弯路，让他们的企业转型升级，我决定把自己近20年商业模式转换的经验全部分享给中小企业家，于是便有了本书。本书的目的是为了普及商业模式转换的方法，让企业直接拿来用，当企业家懂了商业模式转换后，还需要有自己的商业模式转换系统，以此来解决客户困惑和满足客户需求。

自　序

我们在爬山的时候，会觉得很辛苦，但毕竟"上山容易下山难"，而企业家经营企业，如同员工从山底往山上推雪球，雪球越滚越大，公司规模越来越大，当雪球滚到一定高度，这个时候雪球的重量巨大，大家使出了全身的力气也推不动雪球了，即使把老板也加进来，仍然推不动。很多企业做到几千万元规模的时候，如同雪球到了一定的高度，盈利上不去了，公司停滞不前。

这个时候，企业想要转变公司现状、实现快速盈利必须具备3个条件：不缺客户、好产品、优秀团队。

第一个条件，企业不能缺客户。如果企业没有客户，企业就无法盈利，如果没有自己的客户模式，那么企业就会为了客户而找客户，甚至都不知道客户如何而来。

第二个条件，企业不能缺少好产品。当企业拥有客户之后却留不住客户，是因为缺少好产品，也没有好的产品模式，仅仅是为了生产产品而生产产品，即使很多企业的产品非常不错，无论是包装还是产品本身，但依旧不能盈利甚至还会亏本。

第三个条件，有优秀团队。企业有了客户，拥有了好产品，却依旧没有快速盈利，这是因为没有好团队，团队内部各自作战，内耗严重，所以拥有一个好的团队模式是非常重要的。

所以，一个企业要想真正实现快速盈利，它必须先有一个客户模式，让企业不缺客户，然后再根据客户，设计一个好的产品模式，而不是在找客户前先设计一个产品模式。

通常情况下，很多企业是先设计一个好的产品，然后再去市场上找客户，这样的步骤是不对的，做反了。正确的应该是先做一个客户模式，找准客户，根据客户的需求和困惑设计一个好的产品模式，再根据好的客户模式和产品模式打造一个执行力强的团队模式。当我们没有一个好的客户模式和产品模式的时候，我们就急于去打造团队模式，打造出的团队越强、执行力越强、企业亏的钱越多，倒闭得越快，所以，团队模式是在优秀的客户模式和产品模式的基础上打造而成的。

企业家懂得了商业模式的逻辑后，就可以站在高处（如金字塔的顶点）从上往下滚雪球了。先研究客户模式，当企业滚到几千万元规模的时候，企业家和团队就不需要发力了，雪球自动往下面滚，因为在质量和重力的作用下，产生加速度，雪球自然就越来越大，滚动速度越来越快，企业也越做越轻松。

正是因为商业模式对企业的巨大帮助，为了更好地让企业家体验商业模式转换，我用10多年商业模式转换的经验，专门成立了模世能商学院（简称模世能）——中国首家、国内唯一的商业模式教育学院，并且成功地帮助了数万家企业商业模式转型升级，在国内外开了50多家服务公司，市值达到10亿元。

在商业模式教育学院，企业的学习路径是，企业的商业模式转换——定制方案，打造自己的商业模式转换——产品密码，商业模式转换——资本之道，商业模式转换——互联网+，商业模式转换——顶层设计。商业模式培训机构模世能专门为中小企业商业模式的转换做五大商业模式研讨会系统，满足了企业转型升级的需求。其实，很多商业模式转换几乎一点就通，不过，只有适合自己企业的模式转换才是最好的商业模式。

目 录

第一篇
客户为天时：挖掘潜在客户的十四种模式

第一章　设计引流产品，加大客户流量　　003

    1. 用利润设计引流产品　　006

    2. 设计引流产品的核心关键点　　013

    3. 选择最合适的引流产品发放渠道　　015

    4. 引流产品要由别人帮你"送"　　018

第二章　主产品亏本卖，反而赚更多　　021

    1. 三种思维习惯解决产品同质化竞争　　023

    2. 主产品亏本，企业更盈利　　024

    3. 拽紧盈利点，主产品免费有高招　　027

第三章　增加客户黏性的服务，才是增值服务　　031

    1. 不要急于赚钱，先让企业值钱　　032

    2. 专业的增值服务最关键　　035

第四章　改变客户思维，胜过任何促销　　039

    1. 通过"教育"销售非标品　　040

    2. 抓住潜在客户，将教育转换成消费　　043

第五章　连赠品都是品牌货，我家产品有多好　　**045**

1. 赠送其他行业名品，达成长久合作　　046
2. 企业送得开心，客户买得放心　　048

第六章　让客户体验，等于给自己机会　　**051**

1. 不同的企业类型，适合不同的体验模式　　052
2. 最佳体验模式，在于把握人心的尺度　　054

第七章　对特定人群免费，自会有人为此埋单　　**057**

1. 孩子免费，全家埋单　　058
2. 特定对象免费，引流效果明显　　060
3. 企业快速发展，遵循商业模式规律　　061

第八章　只在特定时间打折　　**065**

1. 你敢免费，我敢消费　　066
2. 做节奏大师，成企业赢家　　068

第九章　闲置的空间，让顾客留下来　　**073**

1. 打开格局，空间共享　　074
2. 有共享才有财富　　076
3. 把握节奏点，确定空间客户模式　　078

第十章　花未来的钱，办现在的事　　**081**

1. 别人免费我收费；别人收费我免费　　082
2. 稳定的收益，庞大的资金　　085
3. 打造优质系统，四大法门来帮忙　　086

第十一章　把客户当成你的另一半　　**089**

1. 履行承诺，客户永远是对的　　090
2. 对朋友有多尊重，就会有多放心　　093

第十二章　其他行业的顾客也能给你用　　**095**

1. 跨界，满足同一客户的不同需求　　096
2. 从海量的客户群体中找到需求点　　098
3. 提升价值，让客户离不开你　　099

第十三章　用大家的钱，干大家的事　　**101**

1. 五大原则，令众筹独具特性　　102
2. 众筹八大步　　105

第十四章　客户必须要分类　　**107**

1. 客户分层次，企业提供不同服务　　108
2. 落差带来差异　　110

第二篇
产品是地利：让企业产品更加具有魅力特性的十种模式

第十五章　好的产品名称是占据消费者心智的符号　　**115**

1. 优质的名字和标志令企业获得更高价值　　116
2. 念念不忘的名字，耳目一新的亮点　　120

第十六章　满足顾客心理上的需求　　**123**

1. 有精神的产品，使用起来"倍儿有面子"　　124
2. 选准产品的客户，做出差异特征　　126

第十七章　为顾客讲一个让他动容的故事　　**129**

1. 挖掘企业内涵，传递企业文化　　130
2. 一个好故事，为企业包上一层糖纸　　133

第十八章　有些产品只满足精准人群，小即是大　　**137**

1. 不同的产品策略，不同的市场　　138
2. 精准定位客户，从低端产品到高端产品　　139

第十九章　满足客户的核心需求，让客户永远离不开企业　　**145**

1. 因客户需要而存在，因解决客户问题而有价值　　146
2. 解决客户精准的痛点，找到合适渠道　　149

第二十章　不仅能为客户提供 A，还能给他 A^+ 和 A^{++}　　**151**

1. 吃着碗里，看着锅里，想着地里　　152
2. 适合自己的，才是最好的　　156

第二十一章　用漏斗层级方式分类　　**159**

1. 万般皆下品，唯有入口高　　160
2. 产品必须是上游形态　　162
3. 要物超所值，同时遥相呼应　　165

第二十二章　聚焦核心产品，让品种数做减法　　**167**

1. 做企业不是做加法，而是做减法　　168
2. 凸显主产品功能　　170

第二十三章　用增值的思路为产品升级　　**173**

1. 增加附加值，但只宣传主要的　　174
2. 按需添加功能　　176

第二十四章　别家的产品也能为你所用　　**179**

1. 交换产品资源，别人的也是自己的　　180
2. 信用是根，吃亏是福　　182
3. 企业遵循的商业逻辑——转型和升级　　184
4. 交换产品模式六大步骤　　185
5. 交换模式如何落地　　188

第三篇
团队需人和：调动团队潜能的八种模式

第二十五章　老板团队，你可能是公司成长发展的绊脚石　　193

1. 老板和员工必须相互依赖　　195
2. 老板一变，企业发展无限　　196

第二十六章　用分钱的思路设计薪酬　　201

1. 业务类型的五种薪酬　　202
2. 非业务类型的三种薪酬　　205
3. 企业十大工资薪酬死穴　　206

第二十七章　红利不只股东有，团队也有份　　209

1. 分红团队模式好处多　　210
2. 企业把控团队，合理分配分红　　213

第二十八章　想把他留下，就把他变成股东　　215

1. 提前想好入股方案，把核心力量用到位　　216
2. 同路人才能入股　　218

第二十九章　团队不是培养出来的，是提拔出来的　　221

1. 晋升要点，不在其位不谋其职　　222
2. 考核员工，设定晋升通道　　224

第三十章　员工开心了，客户也就开心了　　227

1. 快乐团队模式的设计思路　　228
2. 硬件、软件、要件，一个不能少　　230

第三十一章　与老板成为一伙人　　　　　　　　　　**233**

1. 老板把公司当平台，员工把企业当成家　　　　　234
2. 价值观一致，分配方式先进　　　　　　　　　　236
3. 老板的人品是品牌　　　　　　　　　　　　　　236

第三十二章　分类管理和绩效评定让团队效能更高　**239**

1. 分类管理，层层绩效　　　　　　　　　　　　　240
2. 绩效管理是面，团队监督是里　　　　　　　　　242

作者的忠告　　　　　　　　　　　　　　　　　　**244**
后记　致我生命中的那些贵人　　　　　　　　　　**245**

第一篇 客户为天时：
挖掘潜在客户的十四种模式

※ 客户模式，是通过一系列的市场操作方法，使企业周边聚集一批客户，使这批客户能够持续支持，并且能不断地为企业创造价值或利润的商业运营模式。

※ 计划经济时代，谁的胆子大，谁敢干、敢冲、敢下海、敢做企业、敢不要铁饭碗，谁就能赚到钱。但在市场经济时代，对于中小企业而言，胆子大、有关系已经不是决定性和长久性的因素，只有最擅长挖掘客户需求的人，才最有可能赚到钱。而企业家首先要学习的，就是找到匹配人性的客户模式。

01 第一章

设计引流产品,加大客户流量

引流客户模式，是指把一款或多款产品变成免费的引流产品，通过引流产品带动更多的客户来消费，迅速提升业绩的商业模式。

在供不应求的时代，客户是主动找上门的。现如今供大于求，客户不会主动找上门，反过来，需要企业主动找客户。所以，有必要设计一款引流产品，让客户主动找上门来，起到"四两拨千斤"的效果。

但是，很多企业还用20世纪90年代的营销思维来引流，比如企业在电视台打广告，花了大笔费用，效果却并不如预期的那么好，最后企业反而因为广告费用投入过多，没有相应的收益而倒闭了。究其原因，其实很简单，现在看电视的人越来越少，即使有人看，也没有多少人会留意广告，因为信息量太大，顾客的心早已经被那些各个行业的知名品牌所占领，心里很难接受新的产品。

除了电视，其他媒介也没有太大起色，所有媒介的目标客户关注点相似，如大幅的广告牌就形如虚设，根本不能引起目标客户群的关注。

那么到底是哪些企业在打广告呢？

在广告市场，很多打广告的企业都排在行业前三名。这些企业为了占据客户的心，经常在各大媒体的黄金时间或者栏目中打硬广告，他们都是类似可口可乐、百事可乐、肯德基、麦当劳等这样的业内顶尖公司，这些企业的业绩越好，越愿意打广告，其基本的目的是为了让消费者能定期看见，以免顾客的心被别的产品所占据，当然，其每年巨额的广告费已经分摊到成本里了。

对于中小企业来说，这种打广告的做法没有用，因为行业老大哥太强了，这些广告的背后是整个企业的营销体系、市场通路、客服体系、物流配送等系统化的支撑。所以，对于中小企业而言，即便投入了大量资金，做了很多营销，甚至找营销策划公司做整体策划，起到的效果依旧不好。

> **张雷点醒**
>
> 在互联网时代，中小企业要明白一个道理，就是一个企业花了这么多的中间环节，最终的目的是想让顾客消费公司的产品。无论是通过广告，还是做落地营销，这些中间环节都会极大地增加产品成本。如果把这些费用全部返还给顾客，产品的性价比还会比对手低吗？产品更"值"了，顾客变成客户的可能性就更高了。

一个产品的成本是5元，到了顾客手里变成了100元，这中间的95元包含了营销在内的一切费用，而这95元最终由顾客埋单。大家想一想，现在是互联网时代、O2O的时代，是和客户面对面的时代。企业需要砍掉中间的一切环节，真正地让顾客享受到物超所值的5元产品。即使做不到5元，最起码做到10元，这样对顾客来讲，买别人的产品要100元，买你的产品要10元，而且你的10元产品和别人100元的产品质量一样，顾客瞬间感到物超所值！

我们来思考下，如果最后多加的那5元钱，不是花在广告上，而是直接花在了客户的身上，客户是不是会更加舒心？那么，下一个问题就来了，怎么样才能把这些钱花在客户的身上呢？答案是直接引流，即让客户不经过任何环节，直接被引流过来。

如果一家新公司具备自己独特的引流模式，公司就不缺客户了。我们暂时把公司正常销售的产品放到一边，设定一个概念：如果顾客已经购买一次产品，那么顾客就转化为了客户；如果顾客不购买第一次，就不会有后续的购买行为，甚至对产品本身没有了解。

所以，客户模式解决的是顾客与产品间的信任，即第一次消费的问题。后面介绍的产品模式则是解决下一次的消费，即持续消费的问题。企业为了达到引流客户的目的，需要设计引流产品，而引流产品是否能够达到效果就成为重中之重，那么如何设计它呢？

1. 用利润设计引流产品

要想为企业引流，我们要先学会怎么设计引流产品。其中，非常重要的是引流产品的设计方法，一般来说，用利润来设计引流产品有3种方法：用单笔成交利润设计引流产品、用终身利润设计引流产品、用预期目标利润设计引流产品。

（1）用单笔成交利润设计引流产品，让顾客直接感受到你的诚意。

以单笔销售的毛利为出发点，依照成交率计算出吸引目标客户的成本，并以此成本为参照，选择和打造吸引目标客户进店的引流产品。从传统的模式来看，很多企业管理者会认为应该从广告中引流客户，所以会考虑在一线电视台打广告做宣传，或在高速公路旁做广告牌。如果企业尝试用引流客户模式的话，也许就没必要打广告了。

举例来说，如果一个订单的交易额为5万元，利润为1万元，那么将利润前置来设计引流产品，即将利润1万元拿出来设计引流产品，这就是用单笔成交利润来设计引流产品，这么做的好处就是简单、方便、高效。

·经典案例·　硅藻泥涂料厂如何设计自己的引流产品

有一家生产硅藻泥的涂料厂，产品是不含甲醛的新型硅藻泥涂料。在计算整体成本和目标利润率之后，得出的市场价格跟传统的涂料价格差不多。但新型硅藻泥涂料要比传统的涂料具备更多优势，更加环保低碳，成形与晾干时间更短、更易操作、工期更短，刷好墙体后即可入住等，这样的一家企业应该怎么设计自己的引流产品呢？

首先，企业要计算一下单个订单的平均利润值，用硅藻泥的涂料为一户家庭装修房子，平均利润是5000元。如果用5000元设计10个引流产品，每个引流产品的设计成本为500元，如果这10个引流产品只能引流一个精准的客户，成交后即可以回收成本5000元；如果这10个引流产品成功引流2个精准客户，总利润就是10000元，可产生盈利5000元；如果这10个引流产品成功引流3个精准客户，就可产生盈利10000元，以此类推。

其次，企业要考虑如何才能把优惠直接落到客户身上，并且让客户能感受到。企业赠送成本为500元的硅藻泥产品，去装修一个房间是肯定不够的，只能是用硅藻泥做一小块面积的产品，如果在赠送面积的大小上纠结，最后一定会让客户不爽，达不到目的。设计师在设计各种各样硅藻泥造型的过程中，成本并不会增加太多。那么企业赠送的就不再是多大面积的一块硅藻泥墙面的问题，而是一套具备造型的硅藻泥方案。

最后，通常在一户人家中，电视背景墙是需要设计的，企业用总成本5000元设计出10块电视背景墙造型，作为10个引流产品，单个引流产品的成本是500元左右，对外报价可以达到五六千元。如果企业赠送客户一份5000元的"大礼"，客户会不会感受到企业的诚意呢？

这样，引流产品就被设计出来了，那就是送给客户一个硅藻泥做的电视背景墙。

引流产品被设计出来就算引流成功了吗？当然不是，因为企业并不知道客户在哪里。如果一个个客户去开发，速度太慢，所以只能寻求合作商。那么，谁拥有大量的装修客户呢？答案是装修公司。

硅藻泥涂料厂需要改变一下思维和视角，尝试把装修公司当成自己要去帮助的伙伴，而不单单是客户或者渠道。所以涂料厂要给装修公司的销售人员讲解新型硅藻泥涂料的优势所在，维护好与装修公司一线人员的关系，设计师要把引流产品设计得更加便于使用，最终使企业达到用自己的引流产品帮助装修公司提高订单成交率的目的。

硅藻泥涂料厂利用引流产品，不仅为自己带来了丰厚的利润，也为装修公司提升了业务量。通过这样的模式，涂料厂可与多家装修公司开展同样的合作，再也不用为缺少客户而烦恼了。

如果硅藻泥涂料厂在传统媒体，甚至互联网媒体上打广告，广告费最终会加到成本上，所以产品的单价就会增加，最终使消费者不容易接受这样的产品，这样一来，产品很难找到自己的客户，厂家所做的努力就会白费。

对比起来，直接用单笔成交利润来设计引流产品的模式，更加简单、方便、节省费用。也许有的读者会问，既然引流产品这么厉害，那么这种产品的设计对于企业规模或所在行业是否有限定呢？其实，对于设计引流产品，包含传统企业在内的任何一家公司都可以这样操作。

张雷点醒

对于传统行业而言，企业要跳出自己的范畴去设计引流产品，不一定非要用自己的产品，可以使用其他行业的产品，甚至通过提高一个商业层次，例如将某一套方案作为引流产品。

· 经典案例 · 诚宇包装设计方案性质的引流产品

诚宇包装是一家以提供产品包装方案为主营业务的公司，例如向麦当劳、肯德基、蒙牛提供产品包装的盒子或杯子，属于非常传统的产业。这家公司在设计引流产品的时候就跳出了自己的模式，转向设计一个品牌提升产品层次的整体解决方案。诚宇包装的设计师为餐饮店免费做了一套提升店面形象的整体品牌方案。如果对方采纳了这套品牌方案，就必然会采用诚宇的包装产品。企业在打包签下对方的包装订单时，同时要保证自家的包装质量好、供货及时，并且承诺提供后续的咨询服务。

> **思考** 除了自身产品和方案性产品可以做引流产品外，还有哪些可以用来做引流产品？

在上面的案例中，诚宇包装通过市场调查，直接找到了餐饮店的难题——不知道如何提升餐饮店自己的品牌形象，扩大品牌影响力。它主动为餐饮店设计一套解决这个问题的方案。此类客户平均包装项目的单笔利润为2万元，而单个引流产品的设计成本为2000元，如果诚宇一个月内找10家餐饮公司，设计10个整体品牌提升的方案供对方选择，只要有一个客户签下订单，企业就可以收回成本，签下的订单越多，带来的客户流量就越多，盈利也就越多。值得注意的是，企业在操作过程中，要着重思考如何用最有效的方式，挖掘出消费者的真实需求，这在很大程度上决定着引流产品是否有效。

诚宇包装能给食品餐饮企业带来品牌提升的一站式解决方案，而原有的商业模式——卖包装只是一种手段。所以，没有传统的企业，只有传统的模式。很多企业自己抱着一个金饭碗，还天天跟别人乞食吃，其实只要有好的商业模式，或者稍微转换一下自己的商业模式，就有可能清除自己手中金饭碗外面的这层锈蚀，让它熠熠发光。

在传统企业中，同质化竞争严重，门槛低、利润薄，几乎可以按厘来计算盈利。如果想要自己的商业模式做得更好，让顾客永远也离不开你，要么不断地升级和创新，要么去做商业模式的转换。

（2）用终身利润设计引流产品，让客户长期吃"免费的午餐"。

以终身（一年或某一段时间）销售的总毛利为出发点，依照锁定一个客户的终身利润为参考，计算出对应的成本，从而选择和打造吸引目标客户进店的引流产品。这里面的"终身"是相对短期的概念而言，属于广义的范畴，是指若干个销售周期或者若干个销售环节中较长的时间段，三个月也是终身、半年也是终身、一年也是终身。

·经典案例· 汽车服务公司用洗车卡巧引流

有一家汽车服务公司，做汽车后市场的一站式服务，比如修理、美容、保养、维修等。如果平均每年在每个客户身上可以赚3000元，希望通过3000元的引流费用吸引10个客户，即用300元的成本来设计1个引流产品，能够设计什么呢？只能是洗车了。企业通过核算直接成本后发现，如果不计算房租、人工花销等基本费用，300元可以折算成48次洗车费和2次大清洗，而这些服务对外的报价可以达到将近3000元，这样算下来的话，就可以直接用洗车年卡的概念来办理，那么这个终身成交利润的引流产品就设计成功了。

这个产品如何送到顾客手里呢？如果简单地给到顾客手上，虽然有可能收集到大量的客户信息，但费时费力，达不到最佳效果。

第一章 设计引流产品，加大客户流量 | 011

> **张雷点醒**
>
> 企业可以尝试通过利益相关方来获得这个活动的最佳效果，按照商业的逻辑，利益相关方参与进来并没有增加成本，在不增加额外成本的情况下，参与进来的人越多越好。

根据洗车行业的规律，洗车企业一般客户辐射圈是方圆5000米，最精准的客户就是附近小区的业主，而与业主产生直接关系的是物业公司，所以企业的切入点可以放在跟物业公司洽谈合作上。从物业公司与业主产生经济关系的角度出发，将3000元的洗车年卡直接派发给物业公司，设定某一个条件为前提（通常可以用总数限量或者一次性购买定量服务的方式）。企业要求物业公司以福利或者回馈的形式反馈给业主，而不是采用随意领取的方式，这样能极大地满足业主被重视的心理，他们才会珍惜，也一定会去消费这"来之不易"的福利。

需要提醒的是，这个引流产品能够产生效果的关键在于，企业提供的服务要能够超出顾客的心理预期——免费给客户洗车的效果比在其他洗车店花30元或50元洗车的效果还好，在这个基础之上，顾客才会愿意把后续的保养和修理放到这里。换言之，企业是在用洗车的成本，争取一个能够博得顾客信任，并把顾客变成客户的机会。如果洗车的时候马马虎虎，效果自然不会好。顾客本来没有过高的预期，结果也的确不尽如人意，那么顾客对这家店的心理就会从原本期望能够超出预期，变成了占这家店促销活动的小便宜，这大大违背了引流产品设计的初衷，最后企业钱花了，却达不到预期效果。

这里免费洗车比去其他洗车店花50元洗车，洗得更干净，服务也更好，所以顾客后期才愿意再来这里进行汽车后续的保养和修理，而公司的盈利点就在这里。以此类推，用这样的方法，多找几家小区的物业公司，这家汽车服务店也就不缺客户了。

> **思考**
> 如果你是这家店的老板，你能想到多少种送出引流产品的方式？

在传统思维中，免费没有好产品，天下没有白吃的午餐，这个观念在目前是错误的，因为在互联网时代，天下真有白吃的午餐，真有免费的产品，并且产品还非常好。所以，企业完全可以做到在让顾客受益的同时，也让自己从免费中受益。

（3）用预期目标利润设计引流产品，满足顾客未来的需求。

用预期目标利润设计引流产品，就是设计好预期完成的利润，并计算好销售额，然后拿出部分利润前置，通过销售额与成交率，计算出满足客户需求的成本。下面笔者以一家生态养猪企业作为案例，让大家更加明白如何设计引流产品。

·经典案例· 连锁肉店用未来的利润打现在的市场

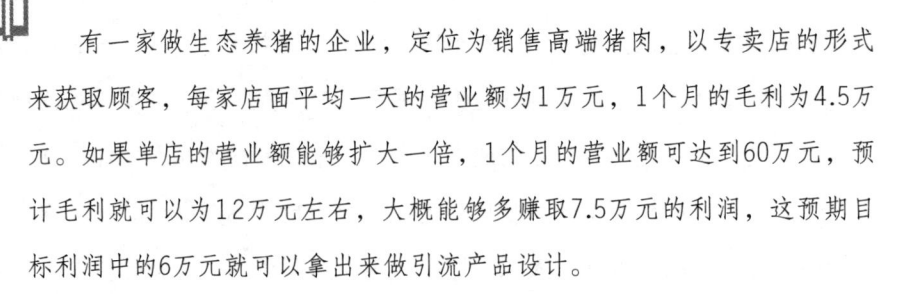

有一家做生态养猪的企业，定位为销售高端猪肉，以专卖店的形式来获取顾客，每家店面平均一天的营业额为1万元，1个月的毛利为4.5万元。如果单店的营业额能够扩大一倍，1个月的营业额可达到60万元，预计毛利就可以为12万元左右，大概能够多赚取7.5万元的利润，这预期目标利润中的6万元就可以拿出来做引流产品设计。

按照专卖店的统计，每位顾客的单次平均消费为100元，那么就需要600人才能达到60万元的营业额。企业拿出预期目标利润中的6万元，为600位客户设计引流产品，如果这600位客户全都成交的话，平均每位顾客的获客成本是100元，但是这600人不会都买猪肉，按照通常状况下两位顾客进店有一位顾客购买的比例来计算，企业就需要设计1200份引流产品，平均每份引流产品的直接成本就只能降为50元。

这款引流产品该怎么设计呢，这个时候还送猪肉卡吗？现在这家企业目前的营销模式是采用会员制的充值打折卡，也曾经尝试使用日常生活中经常看到的用厨房刀具、有机蔬菜、代购券等来做50元的引流产品。这些做法很简单，操作起来也容易，可就是因为太容易、太普遍，对高端家庭来说吸引力不够。这时企业就发现了一个需求，很多家庭剁肉的时候，容易把厨房弄脏，还不安全。

于是，企业就与生产家庭绞肉器具的厂家达成了协议，进行大批量采购。市面上类似产品的对外报价在400元上下，厂家给他们的批量采购价是50元，并且将企业的电话和LOGO也印在上面。企业在宣传传统手工剁馅和机器绞肉器具的差别，突出科技进步带来更方便感受的同时，将这套绞肉器具在店内进行大量赠送。于是，这套器具就变成了宣传企业、收集顾客数据的工具，如果需要换新，这家企业还可以通过上门更换的方式来增加销售机会，达到一举多得的效果。

张雷点醒

顾客买肉并不是一件困难的事情，哪里都有卖肉的超市，但是剁肉却并不轻松，当企业满足顾客需求的同时，还用赠送的礼品解决顾客必然产生的困扰，引流产品就这样出来了，而顾客肯定也会被引流过来。

2. 设计引流产品的核心关键点

设计引流产品，企业需要把握4个关键点，即低成本、高价值、高诱惑、相关联。

(1) 低成本。

低成本是控制未来盈利的基础，无论是前面案例中提到的诚宇的包装设计费，还是洗车年卡、绞肉机，相对于企业的盈利来说，必定是低成本的，因为企业本来就是用最低的成本追求最高的利润的机构。对于中小企业而言，如果没有考量其他方面的诉求，低成本是设计引流产品的首要因素，利润和市场效果是必要条件，企业切不可好大喜功，不能只注重活动规模。活动热闹，销量增长的幅度也不错，但若最后利润不理想，甚至还会造成亏损，企业不要自欺欺人地告诉自己虽然没挣多少钱，但赚了"吆喝"。这种事还是不要做为好。

(2) 高价值。

实用主义才会对顾客产生最高价值，绝大多数家庭都需要一台绞肉机、一张洗车年卡，这些产品都具备高价值。高价值不代表高单价，在于能解决顾客的实际问题。比如，送给顾客一架直升机，对于普通人来说，无论直升机多贵，其价值都体现不出来。所以，送给顾客一架直升机，还不如送给他一辆自行车或者电瓶车更有意义。当然，把直升机转手卖给第三方，再去买电瓶车则是另外一回事儿，不在讨论之列。所以，设计引流产品一定要针对具体人群，给他们最实用的解决方案（产品），不是价格贵的产品就是好的。

(3) 高诱惑。

高诱惑是指从需求出发，给顾客一个无法拒绝的东西。例如，买200元的猪肉，赠送400元的绞肉机；一次性缴纳两年的物业费，赠送价值3000元的洗车年卡；签订了包装采买协议，赠送价值5万元的一套品牌提升的包装设计方案……赠送这些很有价值的服务（产品），顾客是没有办法拒绝的。

(4) 相关联。

让客户离不开你，必须明确与什么相关联。相关联一定是和企业的产品或服务相关联，如果企业送客户的产品与企业自身没有任何联系，当引流产品被顾客拿走后，顾客无法转化成客户，只剩下所谓的宣传效果。而这种宣传的效果在现今信息爆炸的时代，是不能持续的。所以，企业最好用自己的产品、未来的服务来设计引流产品，最起码要与自己的产品有关联，即便现在没有转化，但未来也有机会成交。

3. 选择最合适的引流产品发放渠道

企业的管理者们一定要明白，渠道只是自己的合作伙伴，企业的客户是消费者，如果把这些渠道当成客户，把代理商当成客户，把加盟店当成客户，那就谬以千里了。所以，引流产品发放的精准渠道就是消费者，消费者必须有明确需求且有一定的购买能力。C端是消费者，B端是合作伙伴，如果企业不能解决消费者的困惑、满足消费者的需求，却天天围着代理商转，最后代理商进了一大堆货，摆在仓库都卖不掉，到头来还是要退给企业的。

引流产品发放的精准渠道分为6个，分别是互补企业、老客户、企业竞争对手、各种协会组织、活动展会、媒体群组。

（1）互补企业。

拥有同类客户的互补企业是基础，洗碗机企业的互补企业是做家庭装修的公司，地毯企业的互补企业就是地板公司。所谓互补企业，指的是两种不同行业或者不同品类产品的客户都是一种客户的企业。互补企业的客户一定是精准客户，精准客户都有明确的需求，并且具备购买能力。

互补企业之间的合作可以在短时间内提高双方企业的业绩，并且能够不断复制。值得注意的是，找互补企业的时候，除了满足最基本的互补要求以外，还需要注重诚信，如果对方企业的诚信堪忧，例如对方企业的产品是假产品，自己的企业也会受到诚信的考验，甚至失去客户的信任。

（2）老客户。

从各行各业的历史数据来看，老客户是企业非常重要的销售业绩来源。最值得关注的一点就是，他能消费起，他身边的大多数朋友也都能消费得起。因为"物以类聚，人以群分"，所以老客户也是我们要引流的对象，通过这些老客户，去影响更多的目标客户。

老客户是企业的核心资源，在商业中常用"二八法则"（80%的时间发展新客户，20%的时间维护老客户）千万记住，至少要用20%的时间维护老客户，因为他们往往决定了80%的利润，否则核心利益就会受到损伤。

（3）企业竞争对手。

竞争对手的客户也是我们的客户，怎么样来抢占竞争对手的客户，在商业模式转换——定制方案研讨会里，其定制系统中就有"和行业老大对着干"的模式，这一模式就是从竞争对手中找到客户。

中小型企业通过了解竞争对手，就可以了解到产品和客户的情况、精准的目标客户，在产品对比之下，找到自己产品的优势，让一部分竞争对手的客户成为我们的客户。

（4）各种协会组织。

组织单位就是书法家协会、摄影家协会等专家协会，电器协会、银行业协会等行业协会，钓鱼运动协会、广场舞协会、象棋协会等爱好者协会，等等。每个协会都有会员，这些会员是不同行业的精准客户。

例如，企业的客户是餐饮店，那么可以去餐饮协会寻找资源，有的企业的客户是书法家，可以去书法家协会参加活动，或者直接以书法家的身份参与其中。还有的企业需要企业家的资源，那么可以参加企业家协会，获取比较优质的企业家资源。

通过协会，完成原始客户的积累，下一步才可以从中寻找适合自己的核心客户。

（5）活动展会。

层出不穷的活动展会，是常见客户的聚集地。在活动展会上，会出现一些精准客户。参加活动或展会的人，一般对此类活动感兴趣，那么企业在这样的活动上比较容易遇到客户。

正所谓"物以类聚，人以群分"，很多活动都有各自的圈子，如果你能够成功打入其中的社交圈子，让对方能够接纳你，生意便会主动上门。

在展会找客户分两种形式：第一种是不参展，直接找客户。例如，企业并不是互联网行业的公司，但需要与互联网企业合作，可以参加互联网产品展会，找到目前活跃在互联网市场的企业，跟市场部或者研发部门直接对话，发展客户；第二种是参展，找上下游客户。一般参展的企业，会有上下游客户主动上门合作，同时也可以主动找目标客户合作，这样集中的展会可以让参展的企业快速地成长起来。

（6）媒体群组。

企业通过媒体发布广告信息，可以让顾客自动上门，成为客户。企业也可以通过媒体找到广告信息，主动上门沟通，挖掘客户。

群组是日常生活中最常用的了解世界的工具，例如网络社群和行业论坛，企业从微信、QQ等网络社群找到适合自己的群组，通过群组找到自己的客户，这个办法相信很多人都用过。行业论坛也同样有如此的功能。

4. 引流产品要由别人帮你"送"

企业在发放引流产品时，最好不要直接发放到客户的手中，一定要在中间找一个合作企业，因为发放这件事需要企业承担高昂的人员成本和管理成本，而这件事对于合作方来说也许只是举手之劳，还不会给客户留下"自卖自夸"的印象。

在与合作企业联合的时候，企业不仅要将引流产品提供给合作企业，而且还要帮合作企业设计一套商业模式，在整个过程中需要把握6个关键点，否则有可能会影响合作的最终效果。这6个关键点分别是，找一个理由、设一个门槛、帮助合作企业成交、帮助企业追交、成为促销产品、联络对方感情。

（1）白送没人要，找一个理由让人更珍惜。

引流产品绝对不可以白送，一定要有一个理由或前提。在日常生活中，我们经常见到很多企业在大街上集中发放引流产品的简介，塞到顾客手中之后，顾客连看都不看，直接扔进了垃圾桶里。如果企业不能给客户一个留下引流产品简介的理由，这样硬塞给顾客，除了引起客户的厌烦外，起不到任何作用。所以，企业一定是要让顾客知道珍惜，即使特别想要顾客，也不能猛烈地表现出来。

（2）需要设一个门槛，让人觉得产品有范儿。

并不是要给所有的人都发放引流产品，而是要设定一定的资格或者要求，这便是设一个门槛。通过这样的方式可以筛选更加精准的客户，更重要的是通过这样的条件设定，让人觉得企业和引流产品是很有档次的。

（3）帮助合作企业成交，促进自己的成交。

设计引流产品的企业能帮助合作企业成交，这样自己的产品销量才有保障。

例如，企业在设计引流产品后，与合作企业沟通成功，但合作企业只觉得这是一个机会，并不会百分之百大力推荐，一般合作企业会把这个作为备选项，把自己的套餐作为主选项，那么这个时候企业就要想办法，让对方的一线销售人员重点去推自己的引流产品，帮助合作企业提高业绩，只有不断成交新订单，合作企业才会愿意投入更多的资源。

（4）辅助企业完成追交。

帮助合作企业进一步追交，企业在客户有一定的咨询基础上，可以让该笔交易达成。追交分为前期追交和后期追交两种，前期追交是建立在客户有一定的咨询基础上，企业可以让该笔交易在后期达成；后期追交是在客户第一次合作的基础上，企业要完成第二次合作，那么可以推荐合作企业，完成合作企业商品推荐，这也是长期追交。只有长期追交才是双方长期合作的基础，才能给合作企业带来长期利益，其实企业自己也是客户。

（5）引流产品成促销产品，双方合作的一部分。

利用引流产品做促销活动，合作企业可以将其作为促销产品。合作企业与企业发展共同点在于引流产品，当合作企业将引流产品设定为促销产品的时候，不仅提高了合作企业的销量，还提高了合作企业的格调。这样的合作属于联合促销、强强联合，为了形成双赢的局面，不一定会处以对等的地位，但双方的合作点并不会变化。两者或者三者之间的促销活动很容易出现问题，需要及时解决。

（6）感情再好，仍然需要引流产品来联络感情。

使用引流产品，企业要跟合作企业联络感情，合作企业要跟顾客联络感情。引流产品的设定不一定是长期不变的，而是根据市场、合作企业的变化来变化的，因为客户的需求也随着时间在变化，很多潜在需求容易变动，紧随时代潮流才是大趋势。当顾客的潜在需求出现的时候，就是引流产品要改变的时候。

与合作企业的沟通尤为重要，合作企业有需求、市场有需要，便可以设定新的引流产品，同时联络与合作企业的感情。

阅读思考

（1）你的互补企业都有谁？

（2）以往在赠送引流产品的时候，你都犯过哪些错？

（3）你从事的是什么行业？请说出你能想到的5种引流产品。

02 第二章

主产品亏本卖,反而赚更多

主产品客户模式，是指企业将主产品亏本或者免费销售，让客户无法拒绝，迅速扩大精准客户总数，从而达到整合行业、提升销量的商业拓客模式。

很多时候，客户是冲着企业的主产品来的，这样的客户被称为主产品客户。主产品客户对企业的主产品有需求，通过各种方式发现这个主产品，同时会在各个主产品中比较后决定购买，与此同时，也可能因为价格或其他问题而放弃购买。

在整体销售策略设定中，很多企业是不会允许渠道商对产品进行大幅度调价的。可市场并不是静止的，不保证其他企业没有任何动作。对于其他企业而言，只有降低定价，企业才有可能提高产品的市场占有率。如此一来，企业的综合成本越来越高，盈利越来越少，行业价格战一旦形成，极容易形成死循环，导致不少企业倒闭。

张雷点醒

在很多行业中，产品的同质化竞争非常严重，供大于求。一般来说，市场上的产品都是标品，具有一样的名字、一样的成分、一样的用处，但是生产企业有几十家甚至上百家，顾客购买任何一家的产品都是可行的。在这样已经成熟、产品同质化竞争非常严重的行业中，企业想要发展，出奇制胜，可以选择主产品客户模式。

企业把主产品亏本或免费销售，让客户无法拒绝和抗拒，迅速提升销量，整合行业。我们把上述"免费"二字做一个广义上的解释，如果别人卖1000元，你卖800元，是免费；如果别人卖600元，你卖500元，也是免费；免费不是广义上的不要钱，如果客户用了产品，企业倒贴钱，也是免费。

在这样的模式中，存在一个很有趣的现象，那就是主产品亏本或免费销售，企业能赚到的钱比产品贵卖赚的钱还要多。总结起来，主产品卖得贵，企业赚不到钱；主产品卖得便宜，企业反而能赚更多的钱。

1. 三种思维习惯解决产品同质化竞争

为什么产品会有同质化竞争？答案是，因为企业满足了相同客户的相同需求，解决的办法是满足不同客户的不同需求。

需要提前说明的是，主产品客户模式是最见效的，但并不是唯一可以解决产品同质化的方法，其他的模式也能解决产品同质化的竞争，而更见效的方法是要求企业具备更高的商业模式设计能力。

产生产品同质化的原因各不相同。有人认为，市场需求大，做同类产品的企业多；也有人认为，我国法律对知识产权的保护还不够，各种抄袭的现象层出不穷，大家都做同样的产品，不比创新，偏偏比价格；还有人认为，产品的技术含量低，市场存在流行趋势，跟风比较严重，等等。

总之，中国企业家缺少一种内向思维，往往经营企业出现问题的时候只会向外找原因。一般来说，一个企业家经营好企业应具备3种思维，分别是数字思维、以结果为导向的思维和内向思维。

数字思维指用数字来经营企业。现在，很多中小企业对数字没有概念，老板看不懂财务报表，看不懂公司的损益表，根本看不出公司亏多少、赚多少。老板不懂财务报表只是表象，实际则是企业家缺少数字思维。

现如今，太多企业家缺少以结果为导向的思维，不用顺藤摸瓜，只需顺瓜摸藤。有人说，态度很重要，但态度并不等于结果；有人说，职责很重要，但职责也不等于结果；有人说，任务很重要，但任务同样不等于结果。所以，结果需要量化、价值、交换，只有有了结果，才有效果，企业才能更加有序、有效地前行，不然一切都是徒劳。

内向思维是一切问题的根本，不要向外找原因，企业家干涉不了外围，一切问题的根源都在于企业家自身。对企业的发展产生最大阻碍的那个人是企业老板，他根本管不住市场的竞争和别人的跟风，所以企业家不要总去找外因，不要觉得自己入错行，因为在任何行业依旧有百亿、千亿规模的企业，所以企业老板应从自身找原因、向内找原因才是准确的方向。

2. 主产品亏本，企业更盈利

关于主产品客户模式的设计思路，我们可以通过一个又一个案例来解答，只有在实践中才能找到共同点、共鸣点，企业家才能思考出符合自己的主产品设计方案；只有找到企业自身的主产品设计方案，企业才能摆脱同质化严重的困扰。

·经典案例· 包装容器厂如何设计自己的主产品模式

一家包装厂，生产的产品成本是100元，而市场价格只卖80元，请问这家企业是怎么赚钱的？

包装容器行业已经很成熟了，产品同质化非常严重，做包装的工厂数不胜数，加上外资企业。而且我国港台企业的产品，价格便宜、质量好、服务好，竞争非常激烈。

从成本上来讲，企业卖150元，别人就卖140元；企业卖140元，别人就卖130元；企业卖130元，别人就卖120，以此类推，大家的利润空间越来越少，一直在盈亏的边缘争来争去，实在争不了，大家开始拉关系了。

拉关系的目的在于提高包装厂的业绩。同样，包装厂的客户也容易被关系户拉走。一段时间后，企业用代销模式来跟客户合作，结算周期也越来越长，甚至拉关系的尺度也越来越大。

这样耗了两三年，没有哪家企业过得好。当时的诚宇包装也很痛苦，继续耗下去的话，两三年后企业就要倒闭了，于是诚宇包装破釜沉舟，做了一个价格触底的商业模式——主产品客户模式。

产品的成本是100元，诚宇包装卖80元。当它卖到80元的时候，行业的所有人都傻眼了，诚宇包装的老板疯了，这样亏钱卖产品的方式足以使他的企业直接倒闭！大家都等着看笑话。

可是3个月后，诚宇包装并没倒闭；半年过去了，一年过去了，诚宇包装没有倒闭，围观的企业却倒闭了不少，剩下没有倒闭的企业中有一部分变成了诚宇包装的加工厂。诚宇包装将产品卖到80元，比卖120元的企业赚得多得多，他们把价值100万元的企业做到了20多亿元的规模，从上海做到全国各地，又走向全球。

张雷点醒

当产品的价格是80元时，那么企业的主产品并不赚钱，但产品的销量迅猛增长，这样让企业在银行中有了流量，同时信誉也好了。银行可以给企业做信用贷款、融资，信用融资基本上可以给企业开承兑汇票。这笔钱是可以让企业无利息使用的，随着企业资金池的扩大，资本运作，从中获得利润，同时也可以实行企业自己的内部银行模式，但这并不是民间的高利贷，符合国家法律。另外，企业还可以融资。

这个模式最大的特点是，当主产品不赚钱的时候，企业的关联产品可以赚钱，比如，顾客买了盒子，还得买盖子；买了盖子，还需要封膜。除了关联产品，还有副产品。

所以，客户不仅购买了主产品，还购买了企业的关联产品，为了方便，客户会进行一站式购物。即使前面两类产品不赚钱，但企业的副产品，即第三方产品赚钱了，这便成了企业的盈利点。从整体上来看，这就是主产品客户模式的最大优势——主产品亏本，企业却更加赚钱。

·经典案例· 超市如何设计自己的主产品客户模式

小嘉超市的人流量非常少，因为它的地理位置并不优越，甚至有些偏僻，并且周围有很多竞争对手，超市老板苦不堪言，觉得这样做下去，迟早要关门。这个时候，他找到了一家咨询公司，寻求解决办法。

咨询公司给出的解决办法是将主产品亏本甚至免费销售。由于附近过来买菜的人很多，超市设定蔬菜为主产品，将进价的蔬菜直接以进价卖出，每天吸引大量的人流，但是其他产品并没有怎么卖出去，这个时候超市的老板把卖菜的位置放在超市门口，而结账的地方却放在超市的尾端，这样中间所有的产品都会被顾客路过，可是路过的顾客买东西的并不多，于是超市将其中某一部分产品（如奶制品）打折降价促销。这个时候，人流在某一部分产品区又集中了，其间开始分散，顾客开始关注其他产品了，而最后这些产品（副产品）的销售才是超市的盈利点。

小嘉超市将多种产品亏本卖出，利用更多不同的打折商品吸引顾客，达到吸引人流的效果，同时依靠副产品来获取利益。

3. 拽紧盈利点，主产品免费有高招

设计主产品客户模式，企业需要把握3个关键点，即一定要有充足的客户容量、边缘产品一定要在可控范围内、必须能延长收费的利益链条。

（1）主产品市场拥有充足的客户容量。

产品的市场容量非常巨大，比如有1000亿元，或者有1万亿元，但这个产品只做了300万元，或者1000万元，或者2000万元，甚至1亿元。如果产品免费，那么就拥有庞大的市场，进而产生巨大的现金流。

想当年，家电在中国拥有庞大的市场，黄光裕如果做到家电免费，哪怕他只要比别人便宜一点，销售量就非常大，资金流量庞大，下一步进行资本运作，进入房地产市场，可以做的方向会越来越多。

> **张雷点醒**
>
> 如果企业的产品没有销量，并且属于新产品，哪怕再便宜甚至免费也没有人买，因为它本身需要培育一个市场，没有大的市场容量，产品再免费也没有用，这样的产品就不适合成为主产品。
>
> 所以，主产品是一定在一个比较成熟的、拥有标品或者名品的行业存在，产品的成本等方面都很透明，消费者的定位也很清晰，这个时候就得有足够的市场容量、足够的客户容量。

· 经典案例 · 家电企业如何设计自己的主产品客户模式

一家知名的家电品牌专门做主产品客户模式，它做的是标品和名品，自己先不打市场，等到谁把市场打出来了，市场容量增大后，它马上就做出同类产品，因其销售渠道广、销售能力强、价格便宜、附加值高，打响品牌名声，很容易就超越第一个打开市场的企业。

当某豆浆企业培育好市场后，新一代的豆浆机出现了，企业向客户宣传豆浆机该升级换代了，同时直接在超市铺货，短时间内产生巨大的销量。其实前期，别人教育好了顾客们的使用习惯，等到吃蛋糕的时候，它进来了。

当然，这样的家电品牌公司是一个很伟大的企业，它的商业模式的玄机在于做同一类客户群体，虽然它进行了多元化操作，但是有一个原则没有违反，它满足了同类客户的不同需求，它不是满足多类客户的不同需求，它始终是围绕家电这一块领域来做的。

（2）企业的边缘产品必须可控。

如果主产品不赚钱，企业还不知道怎么利用边缘产品赚钱，最后企业肯定亏本。

企业老板对商业模式的认知很重要，不懂商业模式，企业不能上升到资本的高度，不能上升到互联网的高度，不能上升到立体的高度，把握不了其他利润点，最后当主产品不赚钱的时候，企业便难以盈利，这样的企业做主产品客户模式需要非常慎重。

那么，怎么才能令这些主产品、副产品、边缘产品在可控的范围内，答案就是去模世能的商学院研讨会学习。在商学院研讨会上，企业高管或者老板把整个的商业模式从低到高学完，接下来，自然就知道怎么运作控制边缘产品了。

（3）延长收费的利益链条，让利套餐握在手中。

当企业的主产品免费时，如果不能延长收费链条，最后企业就很难盈利。当企业便宜了20%，可以10%先让利，10%作为月返、季返、半年返和年返的套餐，资源永远在企业的掌控之中，企业对合作企业的帮助就很大，那么合作企业永远会跟企业合作，这也是主产品免费的一种形式。

阅读思考

（1）你企业的主产品是什么？
（2）你所在行业产品同质化竞争严重吗？
（3）如何从赚一样产品的钱到赚多样产品的钱？

03
第三章

增加客户黏性的服务，才是增值服务

增值客户模式是指，在客户购买产品后，企业通过为客户提供免费的后续增值服务，来增加彼此的黏性，进而达到提高客户重复购买率的商业模式。

1. 不要急于赚钱，先让企业值钱

对于企业来说，"三年不开单，开单吃三年"的盈利模式已经落后了，如果客户一年只购买一次产品，或者一个客户一辈子只购买一次，不要说企业赚不到钱，就是赚到钱了，这个企业也不值钱。而让企业值钱的办法之一，就是让客户心甘情愿地跟着企业走，两者之间有着极强的黏性。

一个企业是否能够永久盈利，在于顾客在单位时间内的光顾次数，即重复购买率。以ZARA服装店为例，每年顾客光顾门店次数平均为17次，而行业的平均值则是4次，换句话说，有一大部分的门店顾客光顾次数会更低。比较起来，ZARA品牌店的相关增值服务做得一定好得多，品牌店和顾客之间的黏性是很强的。

企业做增值客户模式，可以让客户离不开你，让客户持续跟着你走。其中，创新也是一种增值服务，例如创新体验，顾客打算买东西，就想起来上京东，这样会让京东流量大，即使当下不赚钱，但是京东也很值钱。

·经典案例· 裤子企业如何设计自己的增值客户模式

有一家裤业公司，邀请培训公司给企业做员工内训，之后这家培训公司给企业设计一种增值客户模式。凡是来此买一条裤子，即可办理一张会员卡，只要凭这张会员卡，将来只要是会员的裤子，公司都为会员提供免费熨烫和免费修剪裤脚的服务。消费者会思考，不是他家的裤子也给免费熨烫、修剪裤脚，消费者很容易对这家企业产生好感。

在其他企业熨烫、修剪裤脚收费的时候，这家企业提供了增值服务，会员在店里修剪裤脚、熨烫的时候，发现有新款的裤子，可能会购买一条，它和顾客间很强的黏性，提高了顾客的重复购买率。

这家公司并不止步于此，之后它们又做了一个增值服务。凡是买过其裤子的顾客，只要再次消费，用自己的旧裤子可以抵扣100元。这样的增值服务直接占据消费者的心，在消费者突然想买裤子的时候，会记住这家公司可以回收旧裤子，还能抵扣100元。这样的商业模式，不但增加了企业的流量，而且还加强了企业与客户之间的黏性，至于回收的成本，企业则在产品销售前的定价过程中就折算进去了。

多消费100~200元的顾客层其实应该算一类顾客，如果有了抵扣券，购买高价产品的顾客会比之前还要多，即使抵扣了100元，企业还赚得更多，与此同时，顾客会赞扬企业的服务真好，同时还解决了旧裤子保存的问题。

旧裤子有更好的用处。企业把这个旧裤子洗洗烫烫、熨熨补补，捐给贫困山区，贫困山区的老百姓会感谢企业，而且红十字会还给企业开具捐献发票，这些发票能抵税。企业给当地的政府送上政绩，当地政府会觉得它有爱心，有好政策会优先给它，等企业的爱心达到一定量，企业要挂牌上市的时候，政府还帮忙开通绿色通道，上市成功率大了很多，增加了企业的市值。

增值客户模式增加了客户的黏性，还容易获得新客户，不仅可以提高企业产品的销量，还可以提高产品的市值，完全是一种神奇的技艺，适合每一家企业。

模世能也做过增值客户模式，商学院的客户获得终身免费复训，商业模式转换研讨会课程每季度一小升级、每半年一中升级，每年的内容会全部更新一次。企业家每年听4次，企业的商业模式在行业中永远都不会落后，永远引领行业的发展。

> **张雷点醒**
>
> 经营企业，最可怕的是产品赚钱，企业却不值钱。当企业不值钱的时候，这个钱是赚不长久的，最终会被市场淘汰；当企业值钱的时候，就不怕赚不到钱了。所以，我们一定要让自己的企业先值钱，然后再赚钱。

诚宇包装也做过增值服务，将整个企业品牌做包装，提升品牌形象，每个季度帮企业出一套新的包装方案。

家具企业同样可以设计增值客户模式。有一个卖家具的企业，主要以餐饮类家具为主，由于起步晚，企业老板觉得，做家具做不过别人，因为别人都是先做得比较大，在这样的情况下，企业想要抢到客户，必须要做一种增值客户模式。只要来店买家具的顾客即可获得终身会员，5年内家具有任何重大损坏，企业给顾客换新的家具，并提供终身免费上门维修的服务。因为餐饮企业买桌椅，最头痛的是维修问题，对于换新的需求并不高。

装修公司可以这样设计增值客户模式：装修公司在跟客户签合同的时候，合同中包含终身上门免费维修的服务内容，24小时之内必到，如果不能按时到达，公司赔损失。这样一来，顾客就很方便了，每次换房子都会找这家装修公司，因为终身免费维修，给顾客带来非常多的便利。顾客的家里有维修的事情直接找这家装修公司，装修公司提供一站式的增值服务，给人特别可靠的感觉，顾客觉得把这家公司介绍给朋友是非常好的人情，是非常有面子的事情。

加油站也有增值服务，例如可以这样设计增值客户模式：加油送洗车。车主购买500元的加油卡，会得到3次免费的洗车卡，如此"捆绑"经营，会使车主形成固有思维，下次一想到加油，就想连洗车一块解决了，很好地做到了黏性服务。

海底捞也有增值服务，其增值服务做得非常多，例如，顾客只要到海底捞吃饭，海底捞就送美甲服务。顾客想，如果不去吃饭，单独去做美甲比较麻烦，所以如果请客的时候，提前到海底捞等客户，边等边做美甲，等客户来了再一起吃饭。其实海底捞用的是一种增值客户模式，让顾客在考虑吃饭的同时，联想到做美甲的事情，这样海底捞就容易被记住。

很多企业没有做增值服务，导致客户跟企业没有黏性，购买这一次后，下一次不一定什么时候再来，企业的盈利模式就实行不了，所以企业一定要学会做自己的增值客户模式。

2. 专业的增值服务最关键

通过前文几个案例，我们可以看到增值客户模式的效果非常明显，设计增值客户模式，企业需要把握3个关键点，即专业服务、限制成本和服务延续。

（1）更专业的服务，更能得到客户的欢心。

企业既然提供了增值服务，如果服务不专业，肯定会带来较大的负面影响。例如，裤业企业免费给会员熨烫裤子、修剪裤脚，如果服务不专业，熨裤脚的时候把裤子烫个洞，招致顾客生气，不仅会失去这位顾客，还会产生连带反应，带来一定的负面影响。所以，企业一定要提供专业的服务。

海底捞做美甲的增值服务，如果做得不专业，还出现其他问题，不仅让顾客生气，还会引发投诉；如果海底捞做的美甲比专业美甲店做得更专业，让顾客称心如意，所获得的影响便是口口相传，提升了宣传效果。在做增值服务的时候，需要把专业的服务给顾客，而不是只有口号式的宣传。

> **张雷点醒**
>
> 在互联网时代，一定要注重客户的消费体验感，因为产品不单单指产品的本身，还有购买产品的过程，体验购买产品的过程也是产品的一部分。

如果企业做不到这一点，那么未来企业就很难有黏性的客户。找到客户的需求或者困惑的时候，企业就要打造商业模式了，商业模式就像一部电视剧的剧本，产品就是一个演员，演员是否演得好，就看这个剧本的好与坏，因为剧本是托起这个演员的关键，剧本可以捧红一个明星，而不是依靠一个明星把一个差剧本演活。

将商业模式设计好后，企业还要借助两个工具，一是资本，二是互联网。企业找到了客户的痛点，有了自己独特的商业模式，有了一个好产品做载体，还需要资本这个工具，以及互联网这个"核武器"。如果这个"核武器"不足以贯通，那么企业还需要一个顶层设计。这样从上到下贯通的设计，被称为系统的商业模式，即把商业模式和互联网相结合。

（2）成本少的增值服务，企业家的英明决策。

企业提供修剪裤脚、熨烫裤子的增值服务，只是需要找两个有工作经验的女性员工，成本并不高；企业提供做美甲的增值服务，让两个服务员参加培训即可，他们既可以当服务员，也可以做美甲，这样就不会给企业增加太多的成本。如果增加太多的成本，这个增值服务可能会成为企业的一个负担。

经典案例 · 星巴克早期的增值服务

在进入21世纪的第二年,星巴克的增值服务是提供无线上网服务。通过调查发现,星巴克的顾客群是25~40岁的群体,星巴克在他们中的销量是平均每人每月18次。在销量如此固定的情况下,如何提高销量呢?星巴克打算提供无线上网服务的增值服务,来提高客户的点餐次数以及延长顾客的停留时间。

随着星巴克的所有门店提供无线上网的增值服务,经常携带笔记本电脑进店的顾客越来越多了。这让当时的美国"蹭网一族"欢呼起来,在各大论坛中为星巴克打起了免费广告,让更多上网的人都习惯星巴克的网络,同时在互联网引入之下,时间不经意之间变得更长了,星巴克的业绩也越来越好。

(3)连绵不绝的服务,源源不断的客户。

企业提供的增值服务,最好是长时间、多频次的。例如修剪裤脚、熨烫裤子、美甲,这样的服务并不是一次性做完,顾客就不需要了。裤子还会褶皱的,指甲还会继续生长,所以等到需求再次出现的时候,顾客依旧会找上门来。

模世能的商学院研讨会让企业家过来参加复训,每一年有一个颠覆,每半年是一个创新,并且不断创新、升级,那么企业家肯定会过来连续不断地听课,就是因为服务延续。

经典案例 · 保险公司车险销售中的增值服务

保险公司在销售车险中会提供一项客户非常需要的增值服务,就是车辆急救。客户可以通过大大低于市场平均价格付费甚至免费来获得。例如,免费的不限次数的路边维修,呼叫中心会安排专业的汽车维修人员到达现场进行快速处理，为顾客提供的汽车处理包括换备胎、充电、加水等或者维修。保险公司还提供全年1次免费的30千米内拖吊，拖吊至相关品牌的车辆修理厂。这样的增值服务不是一次就体验完了的，会不断增加与顾客的接触机会，在每次的服务过程中，为企业品牌形象加分。当顾客下次需要再次购买车险时，第一个想到的就是这家保险公司。

阅 读 思 考

（1）你的企业客户的回头率高吗？你的企业为客户提供过什么样的增值服务？

（2）你做的增值服务遇到过什么困难？

（3）你从事的是什么行业？请写出你能想到的5种增值服务。

04
第四章

改变客户思维,胜过任何促销

思维客户模式，是指企业通过改变客户的思维模式，来改变客户的购买行为，迅速提升业绩的商业模式。

为什么思维可以改变人们的购买行为呢？答案是，思维决定行为，行为决定结果，结果体现人生的价值。

1. 通过"教育"销售非标品

企业的销售类型分两种：一是自然销售，标品和名品不需要教育销售，可以自然销售；二是教育销售，知识类型的产品需要教育销售，也可以称为顾问式销售。如果企业的产品不是标品或名品，通过直接销售，顾客购买的可能性很小。如果企业的产品是一个知识类型的产品，或者是需要提供一定的使用指导再销售的产品，那么其销售模式一定是顾问式销售，如果没有顾问式销售，销量很难上来。

例如，在名品和标品中，购买可口可乐、王老吉是不需要受"教育"的，直接在普通超市或者小卖部购买，而且在哪里买都一样，凡是名品和标品的同质化竞争都非常严重，销售主要靠品牌和名气。

再例如，顾客直接购买不了安利产品，而是通过安利的业务员一遍又一遍的

"教育",才买得到,所以安利产品就是知识类型的产品。安利的营销团队非常庞大,他们销售的是知识类型的产品,包括饮水机、保健品等产品,都是通过"教育"推出来的,安利的产品全部是知识类型产品,所以它的利润点就很高。

中小企业通常生产的是教育型的产品,即顾问式的产品,如果企业没有"教育"的能力,最好做名品或者标品的产品,如果企业有"教育"的能力,尽量不要做名品或者标品等产品,而应做一个知识型的产品。

· 经典案例 · 劲酒如何设计自己的思维客户模式

劲酒是保健酒,而保健酒的核心是健康。但在中国,"喝酒宁伤身体不伤感情"左右着中国的酒文化,过量饮酒有害身体健康,这背离了劲酒的保健价值。"劝君少饮酒"劝酒声经常被人嘲笑,但在平时不喝酒的情况下,"劝君少饮酒"话题却为人所接受。

针对这样的现状,劲酒决定把培养饮酒健康的意识作为教育推广的主要主题。20世纪90年代初期,劲酒就制定了"劲酒虽好,可不要贪杯呦!"的广告语,酒桌上以段子的方式来提醒人们健康饮酒,这让劲酒在众多酒产品中脱颖而出。

市场上很少有酒企宣传健康饮酒的知识,劲酒对饮酒者进行健康知识的教育,在餐厅做健康饮酒的宣传活动,深入社区宣传健康饮酒的理念,让人们学会适量饮酒,关爱周围人的健康,同时主打的小瓶劲酒,也能够限制饮酒量。劲酒改变人们的思维方式,这让劲酒的口碑越来越好,同时销量也越来越好。

我们需要弄清楚其中的关键点,不然未来就很难把握好客户,我们需要了解一下企业的营销方式。在企业中,一般都明白4P的概念,这个概念在销售会议中经常出现。具体来说,第一个P是产品,第二个P是价格,第三个P是渠道,第四个P是推广。一般企业都按照这个来做经营，先做产品，再定个价。例如餐饮店，先研发菜品，然后给这个菜定价，根据同行价格定完价，直接开饭店。

其实，这个诞生于美国20世纪60年代的概念已经过时了，现在已进入了4C时代。第一个C是消费者，第二个C是成本，也就是说产品的成本是多少，而不是定价多少。第三个C是购买方便，例如，想喝瓶矿泉水，本来要开车到沃尔玛，可现在楼下的小卖部就有，就不需要到沃尔玛买了；如果想买一箱水，直接可以在网上进行操作，不需要到实体店购买。第四个C是沟通，通过沟通来促进销量。

有些条件下，4C的用处也是有限的，我们开始进入到了4D的时代。

第一个D是需求。这是大家都在谈需求、困惑的时代，没有需求、困惑，就没有产品，所以需求是根本。例如培训，如果企业家没有商业模式的需求，企业家就不会来模世能，模世能因大家的需求而有存在的价值和意义，所以模世能横空出世。

第二个D是大数据。建立一个可以给企业带来效益的客户大数据，比如，卖凉皮的商家，需要知道想吃凉皮的客户；卖生态猪肉的企业，需要知道哪些人对生态猪肉有需求，这可以通过建立一个大数据来完成。

第三个D是传递。顾客有需求，企业通过大数据不断地给顾客传递自己的核心价值。比如，企业家过来参加培训，是因为被模世能公司传递价值引来的，公司的微信就能传递企业的核心价值观，通过公司员工传递企业家商业模式的信息，企业家每天看到公司的新闻、活动、案例。可能一天、两天的短时间内，对此没有认知，慢慢地，认知就清晰了。随着模世能传递的信息越来越多，加上企业家本身就有这个需求，最开始的时候口头保证会来参加，只是没有时间，所以没有到。这个时候，模世能仍不断地给企业家传递信息，线上信息推送，线下开展沙龙，企业家在不断接受信息，不断改变自己的思维方式，最终决定真正去现场参加培训。

第四个D是动态。简单地说，是不断地创新。

> **张雷点醒**
>
> 其实，未来的每一个人都要进行思维教育，不管企业的产品是名品或者知识型产品，只是教育的深度不一样而已。所以，思维客户模式是未来每个企业都要做到的。
>
> 换句话说，每一个企业家都要建立一个自己的自媒体，或者建立一个直播电视台，需要有自己的核心内容，第一个内容是创始人、老板、董事长的活动，第二个内容是总裁的活动，第三个内容是副总裁的活动，第四个内容是公司的重大事件、新闻事件，第五个内容是公司产品价值的传递。
>
> 这才是企业拥抱互联网的方式。互联网理论创业时代已经过去，真正的互联网时代是线上、线下一体，虽然不少企业家对互联网的知识懂得不多，但是他们有丰富的线下经验，未来的3～10年是企业家去拥抱互联网的时代，所以这是企业家们的优势了。因为互联网企业仅仅有理论型，并不能接地气，他们不懂客户，而企业家懂客户。

2. 抓住潜在客户，将教育转换成消费

设计思维客户模式，企业需要把握3个关键点，即抓住潜在的顾客、培育（沟通）、成交。

（1）找到并抓住潜在的顾客。

如果没有找到潜在客户，企业只能漫天撒网，大浪淘沙，付出的时间和精力完全得不到正面的回报，很容易失去信心。其实，通过产品的定义以及对客户的

设定，能够迅速找到客户群体，企业在客户群体中找到潜在客户。

（2）通过培养、教育，发展客户。

在找到有需求的客户后，企业通过一定时间的沟通，让客户对产品产生清晰的认识，以达到培育的效果。

培育是一个长期的过程，如同培育种子一样，种子只有得到充足的阳光和水分，在光合作用之下才能茁壮成长。每天的辛苦培育才是重点。

（3）满足客户的需求，达成交易。

利用线下的渠道寻找潜在客户是困难的，企业可以通过互联网建立一个大数据，将潜在的客户归纳过来，这个大数据相当于一个广播电视台，对潜在顾客进行培育，改变思维；通过教育，把它转化成消费；设立成交方案，通过前端教育，重点介绍产品的好处以及爆品；通过成交变追交，最后顾客变成粉丝。

阅读思考

（1）你的潜在客户是谁？如何对他们进行思维教育？

（2）如果做过思维教育，遇到过什么问题？如果没有做过，觉得其中是否有什么问题？

（3）你从事的是什么行业？请写出你能想到的5种思维产品。

05

第五章

连赠品都是品牌货,我家产品有多好

送品客户模式，是指企业把其他行业的知名产品，变成送品赠送给客户，来提升企业的知名度和影响力，促成成交的商业模式。

1. 赠送其他行业名品，达成长久合作

一个水厂的送品客户模式是，买10万元的水，送10万元的汽车。价值10万元的水的成本价是4万元，价值10万元的汽车的成本价是8万元，请问这家水厂能盈利吗？如果盈利，它又是怎么盈利的？

·经典案例· 水厂如何设计自己的送品客户模式

这家企业当然能盈利，并且还能赚到很多的钱。水的成本价是4万元，车的成本价是8万元，总成本是12万元，收入是10万元。如果按照100个客户来算，那么总收入就是1000万元，每辆车售价10万元，成本8万元并不需要一次性付清，只需要首付30%，单个汽车首付是2.4万元，100辆汽车需要240万元的首付。

公司总收入为1000万元，减去汽车的首付款，最后剩下760万元，而

这笔款将是公司的周转资金，因为银行利率很低，汽车贷款的利率也不高，每个月需还的钱也并不多。这个送品客户模式最终让水厂解决了3年的产品预销权，现在水厂还没有进水，没有原材料，水还没有制造出来，客户就把3年的钱打给了水厂，所以相当于卖了3年的预销权。

同时，将生产商变成了渠道商，从生产水的水厂转变为拥有100个渠道的渠道商，同时一次性销售大量的产品。从利润的角度来计算，客户买10万元水，企业就送10万元的汽车，相当于顾客帮水厂卖了3年的水，平均下来，每个月只需要卖2800多元的水。而这100人不可能每人每个月只卖2800多元的水，如果每个人多卖出5万元，按照20%利润计算，可以得到1万元的利润，那么100人产生的利润将是100万元，以此类推，这个模式最大的卖点在于送品，最成功的点在于提前拿到销售额。

张雷点醒

从卖过去变成卖未来，它不需要先进原料，节省了不少仓库成本、人力成本、物流成本，这大幅度地砍掉了企业的无形成本。与此同时，它的供应商还给它欠款，它可以做自己的内部银行模式；它的供应商年终还给它返点，它可以在送的汽车身上做广告，因为在一个城市里，几百辆车都打一个产品的广告，这对品牌会产生很大的影响力，这是广告的无形价值。

企业可以统一买保险，买一辆汽车可以拿到折扣80%的保险，买100辆可以把保险的价格谈到50%左右，再加上汽车装饰和修理等费用，其实这些都是小钱，真正值钱的是企业掌握的这个渠道被它锁定了3年。有了这个渠道，企业可以做跨界，例如效仿"互联网+"的玩法，除了卖水，还可以卖米粉、卖纸尿裤等。

举一个例子，送水工今天给客户送水，每周送一桶水，送水的同时，他可以推销："大姐，你们家需要不需要扫把，我给你推荐一个智能托底的扫把，只需280元，你到超市买要300元，我先放在这里给你用一周，如果你感觉好，下一周我来给你送水的时候，你就给我钱，如果感觉不好，下周我就拿走。"下次送水工再送水的时候，他问大姐，上次留的智能拖把好不好用，这样很容易就达成了交易。其实扫把的成本价值是80元，加上运费等其他成本也不过100元，最后的卖价为280元，公司和员工各自分成90元。送水工的送水费很少，靠简单的推销就赚了100元。

· 经典案例 · 建材企业如何设计自己的送品客户模式

有一家建材公司，设计了一个合作模式——买建材送奔驰，企业准备送出100辆奔驰，在举行招商活动的当天，现场有很多人报名，当场刷卡拿车，建材企业因此获得了两亿元的资金，它先付了10%的订金，奔驰车就到场了，最重要的是，一年的销售额通过这一场招商活动完成了。

这是送品客户模式，经销商是冲着奔驰车来定货的，是冲着10万元的汽车来买水的。这个送品客户模式锁定经销商3年，3年之后再策划一个更大的招商活动，更诱惑、更不让人拒绝，再把经销商锁定3年，让经销商跟着卖10年的产品，甚至一辈子。

2. 企业送得开心，客户买得放心

送品客户模式可以让企业的业绩更进一步，那么设计送品客户模式时，企业需要把握3个关键点，即送品有公信力和价值，自己的产品要有定价权，大系统支持。

（1）赠送公信力的名品，购买力的强心剂。

送品的名气一定要大于企业产品本身的名气，企业自己的产品千万不要送，企业自己的产品若只有涨价没有跌价，更不能送。送品需要有公信力，顾客去买这辆汽车价格是10.5万元，企业购买只需10万元，这个价格是透明的，这就是公信力。不同的客户类型，企业赠送名品的价值不同，比如，一般卖水的经销商希望拥有一辆10万元左右的汽车，如果送一台价值500万元或者800万元的劳斯莱斯，这对经销商来说没有价值，因为经销商是支付不起汽车保养费的。

经销商是做建材的，可以送奔驰，因为做建材的商人一般开的是几十万元的汽车，如果再送他一辆10万元的汽车，对合作企业来说没有意义，可是送他一辆100万元的奔驰，他肯定非常愿意合作。

所以，送品要结合合作对象的需求来送，也就是我们说的同等价值。

> **张雷点醒**
>
> 送品的影响力一定大于企业产品的影响力，否则这个活动就没有意义。当产品没有知名度，消费者对产品的价格还不认可的时候，企业有产品的定价权，就非常适合这种模式。这是一种信用捆绑，企业从做产品变成做渠道。

（2）自己的产品，企业要有定价权。

只有企业有了定价权，产品才有溢价和操作的空间，活动才能掌控和成功。

（3）背靠大系统，企业获得大支持。

系统是人脉资源和相关信息的渠道，例如买水送车模式，后面需要对接银行、汽车、金融资本等，这需要一个大系统的支持。

[阅 读 思 考]

（1）你的企业产品有影响力吗？你的企业产品缺渠道吗？

（2）在以往的产品赠送中，你犯过什么错？

（3）你从事的是什么行业？请写出你能想到的5种赠品。

06
第六章

让客户体验，等于给自己机会

体验客户模式，是指企业通过体验让客户更好地了解产品的性能，激起顾客的购买欲望，从而达到购买产品的商业模式。

1. 不同的企业类型，适合不同的体验模式

体验客户模式，最注重的是客户体验。下面讲一个关于4S店的体验客户模式的案例。

·经典案例· 一个没有购车欲望的人如何在4S店产生购车的欲望

有一次，因为找不到停车的地方，我不得不把车停在一家4S店的门口，顺便到4S店去看了一下，汽车销售员介绍了一堆关于汽车详细的资料，但很难让人听懂。销售员用计算器简简单单地把首付和按揭计算好了，让我去试驾，想不到试驾5分钟，他就叫停了，因为每个顾客试驾时间只有5分钟。

我把多试驾一会的需求告诉销售员后，经过多方沟通得到了批准，可以再开20分钟。我特别喜欢里面的轻音乐以及新车的味道，心中幻想着带

第六章 让客户体验，等于给自己机会

上孩子和妻子一起开车郊游，幸福的味道飘然地从心底升起，如果拥有这样一辆车，肯定不错。

下车后，我说喜欢这辆车，销售员催促交钱提车，本来没打算买车的我，让销售员将老板叫来。我给老板提了一个每月多卖30辆汽车的建议：4S店每次只给顾客试驾5分钟，如果将试驾时间提高到20分钟，那么顾客将掌握汽车的性能，体验到汽车的优点，这时顾客才能下定决心购买这辆车，毕竟没有哪个顾客一定要购买哪辆车，而这次体验的20分钟是我购买试驾这辆车的决定性因素。

张雷点醒

一些老板有一个特点，那就是把自己换的车充当公司的公用车。老板换车的目的是体验更好的小汽车，将来让更多的员工都开上这样的汽车。开奔驰之后，老板开会给员工讲，今天老板买奔驰，只是先体验到奔驰的好处，将来转身一变，也让员工们都能坐上奔驰。如果老板连奔驰汽车都没有坐上，员工们将来怎么能坐到奔驰车。老板先体验到财富带来的好处，才会有更大的欲望带动更多人来去体验。这样，员工才能体谅老板，希望老板越来越有钱，最好将来买劳斯莱斯。

还有一些老板买了好车，他的员工在汽车的后面骂，觉得老板不管手下死活，所以这样的老板肯定不懂体验客户模式的思维。因为老板们所做的一切行为都应是为了托起员工和客户，这也是为社会做贡献，是一种不同的体验。

苹果手机有线下体验店，做得非常不错，优质体验感让很多人对苹果手机欲罢不能，这也是苹果手机好口碑的基础。宜家家居也是如此，到了宜家家居之后，很多人本来没想买东西，可等体验完了，也会蠢蠢欲动地想购买，哪怕贵一点也愿意买。

现在社区的客户体验做得也非常不错，例如有一种医疗床垫的产品，小区里的那些老大妈、老大爷被邀请去体验，不仅体验完美，还有东西可以拿。在他们体验半小时后，正想舒服地入睡，对不起，时间到了，请下一个大爷做好准备。那个老大爷想多体验一下，就咨询价格想购买一个，可惜企业规定体验的3个月时间内是不能卖的，结果到3个月之后再开始卖，现场火爆，买一个1万元的床垫还送一台价值8800元的饮水机，而且只限前100名。

景区饭店也有客户体验。一般旅游分为跟团或者自助两种，跟团肯定需要马不停蹄地奔跑在多个景点之间，一天逛很多地方，同时还需要买一些并不情愿买的东西。相对来说，自助旅游的时间就自己定了。景区的饭店一般价位高、服务差，但总有饭店会不一样，它不仅平价，同时还有一些小商品赠送，这让顾客有非常不错的体验感，同时会在朋友圈中进行分享，来的顾客越多，饭店赚得越多。

2. 最佳体验模式，在于把握人心的尺度

设计体验客户模式，企业需要把握3个关键点，即与时间挂钩，与效果挂钩，找到精准的对象。

（1）合理利用时间，达到最佳的体验。

在顾客体验的时候，公司一定要把握一个时间上的度。到了什么时候正好，什么时候可以调整，把握人们心理的时间值。

比如，在宜家，人们可以随意体验，但是不能搬回家，除非在购买以后。人们在体验到宜家产品的舒适之后，特别想再次体验，但想体验的人太多了，并不会一直由一个顾客体验。在宜家的体验感和家里的体验感对比更加明显，这两种

感觉在顾客脑海里进行碰撞后，很容易提起购买的欲望。

（2）体验的效果，等于客户的满意度。

任何模式最终都需要与结果挂钩，体验客户模式更是需要与结果挂钩，不然体验的效果无法体现，很难满足客户的需求。

体验效果做得最好的恐怕要算苹果公司了。苹果电脑最初在设定的时候，乔布斯就要求设计人员将苹果电脑设计得像一辆保时捷跑车一样时尚，这样的电脑就是跟跑车一样的高级商品，而苹果公司的客户是打算购买跑车的高端用户，体验效果是顾客购买苹果公司产品的最佳渠道。

（3）不同的企业，拥有不同的对象。

找到精准的对象对企业来说特别关键，例如，卖医疗床垫的目标客户是老大爷、老大妈，因为他们忙活了半辈子，一身的毛病，正好需要好好享用高级的床垫。

阅读思考

（1）你的体验客户是谁？他了解你的产品性能吗？

（2）在以往的客户体验中，你所在企业犯过什么错？

（3）你从事的是什么行业？请写出你能想到的5种客户体验。

07

第七章

对特定人群免费，自会有人为此埋单

特定客户模式，指公司对有代表性和影响性的客户进行免费销售，通过免费带动更多的顾客来消费，以增加顾客对企业信任度的商业模式。

1. 孩子免费，全家埋单

我们通过下面一个例子，观察一个企业如何在设计自己的特定客户模式。

· 经典案例 · 水上乐园如何设计自己的特定客户模式

上海有一个水上乐园，它对12岁以下的孩子是免费的。

在家里，孩子对父亲要求"爸爸，你平时很忙，星期六、星期天你带我到水上乐园去玩一下。"父亲问去水上乐园的理由。孩子说了两个理由，第一个理由是水上乐园特别好玩，第二个理由是小孩子去那边玩是免费的，不需要爸爸花钱。热带风暴对孩子免费，大家由此增强了对热带风暴的信任度。夫妻俩带着孩子到水上乐园，孩子免费，夫妻两人的门票一共360元。玩了一天，一家人一共花了3000多元，不仅购买了泳衣、游泳圈、玩具汽车，还有活动、游戏等方面的消费。

水上乐园对特定的人群——12岁以下孩子免费，但是一个家庭的消费额并没有减少多少，而且还增加了很多，通过对孩子的免费，在增加顾客对企业的信任度的同时，带动了家长的消费。

对特定的顾客免费，这是一种特定客户模式。特定顾客一定是非常重要的，大家都很关注，不然即使对某部分人群免费，也达不到最佳效果。

·经典案例· 招商工作如何设计特定客户模式

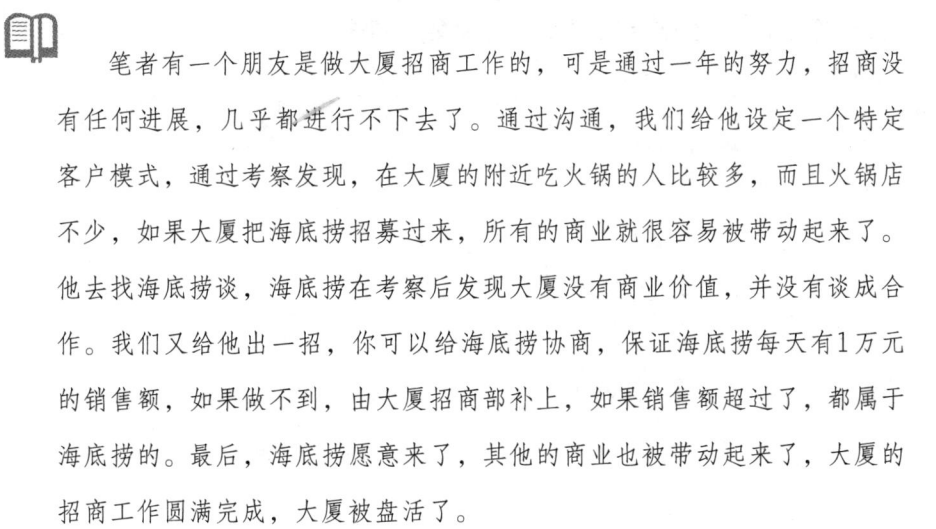

笔者有一个朋友是做大厦招商工作的，可是通过一年的努力，招商没有任何进展，几乎都进行不下去了。通过沟通，我们给他设定一个特定客户模式，通过考察发现，在大厦的附近吃火锅的人比较多，而且火锅店不少，如果大厦把海底捞招募过来，所有的商业就很容易被带动起来了。他去找海底捞谈，海底捞在考察后发现大厦没有商业价值，并没有谈成合作。我们又给他出一招，你可以给海底捞协商，保证海底捞每天有1万元的销售额，如果做不到，由大厦招商部补上，如果销售额超过了，都属于海底捞的。最后，海底捞愿意来了，其他的商业也被带动起来了，大厦的招商工作圆满完成，大厦被盘活了。

通过对海底捞的免费招商，带动了更多的企业加入大厦中，这是一个非常典型的特定客户模式。

·经典案例· 美发店如何设计特定客户模式

美国有一家新开业的美发店，老板没有资金聘用优秀的理发师，他自己也不是专业理发师，更没有做增值服务。他每天邀请街头的美女免费做头发，功夫不负有心人，终于等到了几位美女。

对于美女来说，无论什么样的发型都是漂亮的。美女在做完头发后会被追问这么好看的发型是在哪儿做的，于是所谓的"美女经济"就出现了，没多久，这家美发店一炮打响，半年的时间就建立起了分店，之后发展成为一家拥有顶级发型师的高端连锁美发店。

给美丽的姑娘免费做发型，带更多的女孩来理发，有女孩的地方肯定会有男孩陪着，那么男孩也会成为美发店的顾客，这也是一个非常典型的特定客户模式。

· 经典案例 · 蛋糕店如何设计特定客户模式

日本新开业了一家纯手工蛋糕店，他们家以电子商务为主要渠道，并没有实体店面，各种宣传手段都用了，但蛋糕店的客户并没有增加太多，即使有各种活动支撑，每当活动结束的时候，蛋糕店的流水仍然很低。

蛋糕店的老板最终想到一个办法，通过给网上的美食达人送蛋糕，并且在蛋糕盒上发一封希望得到对方专业评价的真挚的邀请信。没过多久，美食达人们纷纷在社交网站上叙述自己独特的用户体验，这家蛋糕店在互联网上很快就被更多人所知道，订单量一下子增加了很多，同时忠实客户也出现了。

2. 特定对象免费，引流效果明显

设计特定客户模式，企业需要把握3个关键点，即对象、方式、理由。

（1）找到特定的对象。

在设定特定客户模式的时候，企业一定要找出特定的对象。行业不同，企业会有不同的特定对象，即使行业相同，每个企业的环境不同，也会有不同的特定对象。因为只有特定对象满意了，企业才能通过特定对象，获得更大的流量，得到更大的发展。

（2）以合理的方式，带动更大的消费。

以什么方式来设计免费模式，才能带动更大的消费。所有的方式都是免费，只是以什么形式免费才能得到客户的支持，而且这样的免费一定不能超过一定的成本，不然就得不偿失。

（3）一万个理由，抵不过引流的原因。

为什么麦当劳到任何地点，招商单位都给它很便宜的价格，它转身一变靠地产赚钱，在特定客户模式中，麦当劳是特定的对象，方式是免费，理由是麦当劳的引流能力非常强大。

3. 企业快速发展，遵循商业模式规律

企业想要发展必须遵循"8个定"的商业模式规律，即定商机、定刚需、定品类、定卖点、定样板客户、定市场、定故事、定宣传。

（1）定商机，确定未来的发展商机。

定商机，就是确定未来发展的商机在哪里。

（2）定刚需，确定隐性和显性的需求。

如果企业的产品溢价多少倍，客户都愿意买，这就是刚需。众所周知的客户需求是显性需求，没被解决、不被客户所知，实际存在的需求是隐性需求。

（3）定品类，找到属于自己的品类。

企业定完了刚需，针对这一刚需，设定一个细分的品类解决它。一个品牌最高的境界是成为某个品类的代表，如果产品不能成为某一个品类的代表，说明这个品牌不够值钱。模世能成为商业模式转换这个品类的代表，王老吉成为一个凉茶品类的代表，沃尔沃成为一个汽车安全品类的代表。

如果企业还没有找到属于自己的品类，最好趁早调整，因为做多少，亏多少。所以对企业来说，定品类是非常重要的。

（4）定卖点，消费者的利益点和产品核心。

企业在定品类后，才能定卖点，卖点是企业的广告语，是宣传方案的支撑点，也是消费者的痛点。在消费者的痛点处定卖点，定位最大的死穴是违背了消费者的认知，很多企业跟消费者的认知对着干，属于走错了路、定错了卖点。所以卖点是一个产品的核心，也是企业面对消费者的核心点。

（5）定样板客户，滚雪球的起点。

虽然企业着急发展，但是如果没服务好一个客户，是很难做好对其他客户的服务的。例如，模世能想开发新三板的客户，它能帮一个新三板企业做好咨询业务，就可以把千千万万个新三板企业做好，这就需要把一家企业做成新三板企业，这就是定样板客户，于是模世能认真地做成了一个样板客户。同样，只有把一家面皮店做好，才可以把千家面皮店做好。

张雷点醒

定样板客户，可以找到帮助企业推雪球的客户，也可以让企业更有影响力。

（6）定市场，立足地方、面向全国。

定市场就是企业打造样板市场。当年，华为是从地方邮电局的样板市场开始辐射全国的；脑白金也是这样做的，先打造一个农村的样板市场，然后再向全国辐射。在打造样板市场的时候，肯定是快不了的，在做全国市场的时候，肯定是慢不了。例如，模世能在前两年的发展就是把产品模式设计好，打出样板客户和市场，再向全国扩张。

（7）定故事，企业的品牌文化。

企业的故事，就是企业的品牌文化。这一个可以在本书后文中找到。

（8）定宣传，产品销售前的开始。

前面7步做好后，就开始大张旗鼓的宣传。第一步确定宣传效果，第二步设定宣传方案，第三步实行宣传方案。

阅 读 思 考

（1）如何从上山滚雪球变成下山滚雪球？如何让老板和员工滚雪球变成客户和我一起滚雪球？

（2）在以往做特定客户服务的时候，你都犯过哪些错？

（3）你从事的是哪一个行业？请说出你能想到的5种特定客户。

08

第八章

只在特定时间打折

时间客户模式，指公司在某一个特定时间内对客户进行折扣或免费，吸引更多的客户来消费，增加客户对企业黏性的商业模式。

1. 你敢免费，我敢消费

京东商城的秒杀活动是从24点开始打折或者免费的，每两小时一次秒杀活动，以此来提高客户黏性和消费，例如原价99元的品牌商品，9.9元出售，甚至在一些时间，会出现0元抢购的情况，只需支付快递费，顾客就可以拿到相应的商品。当当、天猫也都有自己的秒杀活动，以此来提高客户的黏性。

免费让更多人加入游戏。21世纪初期，游戏公司主要靠卖软件、点卡等来获取利润，老牌的游戏公司累积了大量的游戏会员，新游戏公司却很难得到大量的客户。于是游戏先行者推行游戏免费，通过其他收费的方式来获得收益，虽然有很多人对此并不看好，但随着更多人加入游戏，游戏产业的盘子越做越大，推行免费游戏的公司收益更高了。

国内有一款购物打折软件，也有秒杀的活动，由于整个软件都是打折的项目，为了让顾客可以体会到更多的优惠，每天有一个0元抽奖环节，这个环节几乎跟打卡抽奖一样，只需要每天打卡就有机会获得一个名牌产品。

通信公司免费赠送手机。免费赠送苹果、华为等名牌手机，通过套餐绑定身份证，让企业获得免费的员工手机，最终话费是由企业埋单，利润可观到让很多厂商和通信公司眼红，这些公司纷纷加入其中，最后只要充话费就可以获得手机，每个月消费不同的话费，获得不同的手机。

· 经典案例 · 药店如何设计自己的时间客户模式

河北有一家连锁大药房，有1万多名会员，这家大药房的老板在模世能学完商业模式的研讨会课程后，回去做了一个会员日，每月会员日的折扣为70%，大药房给会员群发短信表示感谢。在大药房10周年来临之际，为了答谢会员对大药房的支持，凭会员卡和身份证，在每月的会员日，会员可享受七折的优惠。另外，大药房跟经销商和厂家洽谈返利活动，当天就完成了一个月的销售任务。而连续5个月后，消费者形成了条件反射，即使不买药，也会在会员日去药房看一看。会员日就是这个特定的时间。

其实这个模式跟谈恋爱一样，如果男生前期对女生不好，她怎么会嫁给男生。道理是一样的，但企业的门户太紧闭，客户永远进不来，也没法给企业创造价值。

· 经典案例 · KTV（提供影音设备的视唱场所）企业如何设计自己的时间客户模式

有一家KTV，中午12点到下午6点钟之前基本没有人来唱歌，到晚上生意才好一点儿，没人唱歌的这段时间里企业也要付房租、水电费和员工工资的。为了解决这个特定时间段的窘境，KTV开始设定模式：为了回馈新老会员，准备在3~6月，做一次回馈活动，凡是在中午12点到下午6点间唱歌的顾客，包厢费全免，啤酒半价。

回馈活动做完一个月后，企业发现销售额比上个月要多不少，晚上的销售额比上个月的销售额还要多。这里的成功原因是，请客的人在免费的包房唱歌，如果没有点酒水的话，就显得小气了，于是为了彰显大方，必须做一些消费，只要顾客有消费，企业就有业绩。归根结底，KTV企业时间客户模式的内在特性是"你敢免费，我敢消费"。

张雷点醒

普通人的理念是"人敬我一尺，我敬人一丈"，而高手的理念是"我先敬人一尺，别人后敬我一丈"，这是客户模式的核心。企业要懂客户，因为2010—2020年是懂客户时代。其实客户模式的背后就是让客户能得到好处、占到便宜，客户才能跟企业连接，达到离不开企业产品的地步，成为企业的忠实客户。

2. 做节奏大师，成企业赢家

设计时间客户模式，企业需要把握3个关键点，即节奏、持续、条件反射。

（1）赢在节奏，成功的永恒秘诀。

任何高手或大成者不是赢在起点，也不是赢在终点，而是赢在节奏点上。高手会把握节奏，节奏是成功的永恒秘诀。如果企业把握住节奏的脉搏，能触摸更好的模式，再厉害的商业模式都抵不过周期模式和时代模式。只有企业跟上了时代的节拍，用上了时代的模式，才能有所成就，如果用心努力，可能会成为一个时代的佼佼者。

在中国，不会再出现第二个柳传志，因为柳传志赶上了中国电子商务时代，电子商务时代的发展让每个家庭都需要一台电脑，所以成就了柳传志；在中国，也不会再出现第二个张瑞敏，那时候国家改革开放刚开始，经济逐渐复苏，人民的生活稍微富裕起来，每个家庭需要一台电视机、一台电冰箱，这在一定程度上成就了海尔集团的张瑞敏。

互联网时代、电子商务时代的来临，成就了美国亚马逊，成就了中国马云的阿里巴巴和淘宝。

马云为什么对风投说话有底气，因为他知道自己把握住了时代的节拍，如果早五年或晚三年都成功不了。即使现在马云再有能力，也做不了阿里巴巴，因为到了自媒体时代，电子商务就趋于弱势，所以马云可以说是一个时代的产物。

随着中国经济的发展，物流需要解决"最后一公里"问题，这成就了两个企业，一个是京东，另一个是顺丰。

在互联网时代初期，互联网社交平台兴起，成就了马化腾。社交媒体迸发、移动通信兴起、智能手机兴盛，促使互联网社交向移动互联网社交的转移，这里缺少一个人与人连接的载体，于是微信出现了。马化腾把握住了时代脉搏，成就了腾讯公司。搜索引擎方面，在美国成就了谷歌，在中国成就了百度，所以它们同样把握住了时代的脉搏。

在中国需要一个真正能讲商业模式转换的培训咨询机构的时候，模世能出现了。模世能，早出现也活不下去，晚出现也没有今天的成果。而就在这个节点，模世能横空出世，在两年多的时间内创造了市值10亿元规模，并向百亿市值迈进。在美国、澳大利亚、新加坡、英国开了公司，模世能走出国门，代表了一种中式思维，将中式模式弘扬天下。

> **张雷点醒**
>
> 俗话说："谋事在人，成事在天。"当企业家踏上时代的节拍，是什么难关都能渡过的，只要大胆向前走，在不同的节点自然会有不同的高人出来帮忙，这跟唐僧取经一样。所以，企业做得越大，老板越知道敬畏，知道靠自己的能力是做不了这么大事业的，有了敬畏之心，就不敢有任何的懈怠。如果企业找不到节奏，势必苦苦挣扎，只能赚点小钱，有房有车，但想做大就很难。

从小到大，节奏可分为6种模式和思维：点、面、线、立体、多元、周期。点的模式就是买卖思维，属于最简单的思维；面的模式，是中介思维，依靠平台赚中介费；线的模式，是投机思维；立体模式，是资本和互联网的思维，在没有互联网的时候，我们只有资本思维，增加了互联网的思维才是立体思维；多元模式，是坐庄思维，多元是指坐庄，股票市场是有坐庄的庄家的，玩股票的股民肯定会有输的时候，坐庄的人肯定赢；周期模式，是时代思维，企业设计一个周期模式，如果在周期内，做企业就特别顺畅，如果不在周期内，就难以经营，所以这是核心。

产品被研发出来，开始上市的时间，可以标记为A点。任何一个东西都有生命周期，到了一个产品卖得很好的时间点，标记为B点，到了一个产品卖到最好的时间点，标记为C点。高手在这个C点的节奏点上就开始否定旧产品了，要求企业停止旧产品的出售，等新产品研发出来后，再卖新产品。普通老板，却会继续卖产品，即使利润只有5%的时候，仍然继续，最后没有盈利，才想研发新产品，等研发出新产品后，继续以之前的模式经营产品，等到不赚钱的时候，再研发新产品，直到新的产品出来，周而复始。

手段稍微高一点的老板在5%利润的时候，就开始研发新产品；产品高手则是在产品卖得最好的时候停掉产品，开始新产品的出售计划。如苹果公司是这样做的，苹果6卖到最好的时候没货了，苹果7马上就出来了。

一个高手在产品到了销量最高点的时候，一定要知道向自己开刀。当模世能做到10亿元营业额的时候，需要否定原来的产品，重新调整，不要沉浸在过去的辉煌中，从零起步，从头开始，再往上踏一个新台阶。

很多人到了一定程度或者一定的高度，就开始飘飘然了，如果再上一点高度，就知道危险了。产品的销量到了最高点，企业最危险；人在最高点的时候，最危险，别人不向自己开刀，自己也一定要向自己开刀，否则永远上不了新台阶，甚至会跌落神坛。

关系也一样，当你和朋友关系好到一定程度的时候，赶紧停下来，然后冷处理一下，否则到最后，关系越好、斗得越狠。夫妻的感情也是如此，感情到了一定温度的时候，黏得甜甜蜜蜜，但很容易在这个最甜蜜的节点后天天吵架，这就容易离婚了。这个时候夫妻赶紧分开一段时间，例如丈夫出差一个星期，这样回来后关系还会那么黏。

> **张雷点醒**
>
> 　　管理者一定要把握这个节奏点，因为这背后关乎人性。很多人不会处理跟父母的关系，其实，如果天天跟父母在一起，关系好到一定程度，就需要跟他们保持一定的距离，达到一段时间关系近，一段时间关系远，再一段时间关系近，一段时间关系远，这样才能让感情持续、不变质。老板和员工的关系也一样，工作一个月，出去学习一次，再工作一个月，出去学习一次，只有这样良性循环才能把企业做好。

（2）时间固定，持续时间长。

公司做了一个月的模式后，还要继续做一年或者几年。一般来说，企业会在某个时间段出现空白交易，而这样的空白交易时间是企业发展的盲区，这也与社会发展有一定的关系，因为这样的时间比较固定，如果企业使用这个模式，就必须要持续。

（3）完美节奏，顾客形成条件反射。

马云做了"双十一"活动，每年都有一次。快到"双十一"的时候，大家会提前几个月都不买东西，就等"双十一"当天再买。买完之后，家里会多了一堆东西，就开始扔，不过下次还会再买被扔出去的东西，这已经形成了一个习惯或者条件反射。

阅 读 思 考

（1）你所在的行业处在时代的什么周期，如何让自己的企业骑在周期的背上？

（2）在以往做时间客户服务的时候，你都犯过哪些错？

（3）你从事的是什么行业？请说出你能想到的5种时间客户模式。

09

第九章

闲置的空间,让顾客留下来

空间客户模式，指企业提供部分或整体空间，对客户免费，增加顾客在免费空间的停留时间，拉动消费的商业模式。

这里的空间是指狭义的空间，其广义的空间是指所有资产的价值最大化。任何物体都是一个空间思维，可以分为有形的、无形的和货币形式的，例如，资产分为有形资产、无形资产和货币资产，其实我们每一个人都是很富裕的，可很多人感觉自己很穷，那是因为他们没有好好盘点自己的资产。

1. 打开格局，空间共享

在空间客户模式中，空间免费即共享。目前国内有一个软件名为钉钉，作为企业办公软件，它出现在很多企业中，最大的原因是软件免费，形成了空间资源免费，不仅可以做考勤，还可以设立集团通信录，员工打电话免费，支持千人通信，员工离职后自动踢群，同时公告、审批非常简单、迅速，让中小企业都生活在这个软件中。

在企业中，老板的第一个客户是员工，通过成就员工，再成就客户，所以在公司可以给员工一个免费的空间。例如，把老板的办公室分出一部分空间，做员工中午休息的地点，因为只有服务好员工，才能让员工更好地为客户服务，企业才能发展得更好。

第九章　闲置的空间，让顾客留下来

·经典案例· 航空公司如何设计自己的空间客户模式

四川航空公司（以下简称四川航空）的免费班车计划，不仅服务了乘客，还进账了千万元。四川航空提供折扣50%机票的优惠，并一次性订购了150台7座的风行汽车，为接送下飞机的乘客，创造了丰厚的价值。

原价14.8万元的休闲旅游汽车，经过洽谈，四川航空以9万元的单价购买150台风行汽车，并为汽车公司做广告，介绍该汽车的性能，帮助汽车公司销售汽车，让乘客在体验中感受汽车的优点以及汽车公司提供的各种服务。汽车公司可以得到每年200万人次的受众群体广告宣传服务。

那么免费的司机从哪儿找呢？四川航空对外招募了一批愿意合作的司机，以每台17.8万元的价格给这些司机，这个价格包括特许经营费、管理费等，并且签订合同承诺，只要载一个乘客就获得25元的收入，该笔收入由四川航空结算，四川航空给客源提供了保障。

这吸引了很多司机，四川航空很快就获得1320万元的收入。而乘客节省了50%的机票钱以及80~150元的车费钱。司机成为四川航空的专职司机，每月营收3万多元，风行汽车公司节省了大量的广告费用，还多了150名业务员。四川航空除了1320元的收入外，每天多卖出去1万多张的机票收入，同时带给了优质的客户体验感和好评。

航空公司提供的是班车的免费空间，不仅为乘客提供了服务，还给汽车商带来了广大的广告资源，一举多得，同时航空公司还获得了巨大的利益，所以空间客户模式是一个一举多得的好商业模式。

肯德基是给人免费休息的快餐店，不消费也没人赶，卖的就是一种空间，一些中餐店就没这种思维。

这是一个人人都可以碰到的体验，通过现实的体验，发现一些现象：有一次，笔者的目的地是印度，需要从香港转机，在香港有两小时的停留时间，就专门去3个地点体验餐饮理念，首先把水杯中的水倒掉，到了第一家餐厅，让服务员帮我倒一杯水，她没有考虑，直接把我的水杯拿去，倒了一杯水。我一转身，把那个水倒掉了。又到了第二家餐厅。服务员有点儿不情愿地帮笔者倒了一杯水。我又一转身把水倒掉了，又到了第三家餐厅，服务员告诉我，这里不提供开水，在机场上几号路口，那里可以接热水。

北京的一个企业家，在听了模世能关于空间客户模式的课程后，触动很大。他在北京的一个地铁口有一家美容美发中心，那个地铁口的附近让人很难找到公共厕所，过路的人想到这个美容美发店里借厕所，员工们都不让他们借道，自以为这个是私人会所，怎么可能随便提供免费上洗手间的服务呢。这个老板开了一个员工大会，要求从明天起，洗手间对外开放，在路人上了厕所后，还要提醒对方是否加一杯白开水或者一杯咖啡。

员工们虽然纳闷，但还是听话照做。3个月以后，老板发现了一个奇怪的现象，这家店面的销售额增长了，生意好了不少，找模世能咨询。我们告诉他，无形的力量永远大于有形的力量，简单地说，这地方本来是私人所有，老板不给借厕所的人方便，是本分，但是对方肯定会心里不舒服，认为店家连最简单的方便也不给。而老板给他们开放了，他们觉得这个厕所本来是私人的，不理发、美容，在人家美发店上厕所，走的时候人家还给倒水、倒咖啡，过路人肯定会觉得这个老板的人品好，企业的口碑慢慢就好起来了。员工也觉得，老板是一个有爱心、大度、有格局的人，跟着这样的老板特别有荣耀感。

如果老板的格局思维还没有打开，没有帮别人，没有真正地思考空间免费的价值、将资产的价值最大化，这是企业家的心门没打开。

2. 有共享才有财富

我曾3次去过非洲的马赛马拉大草原。有一天下午，一个老汉开一辆敞篷车拉着我们到草原看豹子、羚羊。只见，树下的豹子不远处假寐，羚羊群在10米远的地方吃草，围观的人很纳闷，羚羊怎么不害怕被豹子吃掉呢。第二天早上，我们又去那里继续观察，还是那棵大树下，这时正好天色亮了，豹子慢慢爬起来，抖抖身上的毛发，羚羊群依旧在那边埋头吃草，豹子飞速地扑了过去，这些羚羊拼命地逃跑。在草原上讲究的是优胜劣汰，凡是老弱病残都会被淘汰，所以羚羊群里跑在最后的一只就被豹子咬死了。这只羚羊被扑倒后，羚羊群又继续在那儿吃草。

豹子吃饱了又回大树下睡觉去了，原来动物吃饱了就不再吃其他的动物了。而人类呢，吃得越饱，越知道伤害别人。拥有一套房子之后，还想有两套，有了两套，还想十套，有了十套，还想有二十套，变得越来越贪婪。而企业要想长长久久、生生不息，一定不能贪，为了顾客而生产产品，发挥资产价值的最大化，而不是放在仓库不用。

在都市中，作为商人的我们并不反对投资房产，但是要把它的价值发挥到最大化。有一个企业家发觉自己的身体差，不想再经营企业，他畅想今后可以靠这些年投资的房产收入生活，殊不知他的身体不好，恰恰是因为买的房子太多，没处理导致的。例如，他有一个商铺，要求一年的租金为350万元，可客户只给300万元，企业家不同意，觉得要么不租，要么自己开店，没想到的是这一闲置就是7年，他自己也没有开成店。他还买了很多住宅，可是他老婆觉得租出去的租金太少，租客容易把房子弄脏，而且租客的背景也复杂，干脆就空着，这些房子让他特别纠结，睡不好觉，日渐消瘦。

共享是将所有资产价值的最大化，广义的空间客户也是共享，未来财富不来自拥有，而是来自共享。例如，一个人今天拥有了二套房子，住一套还剩一套，剩余的一套是一定租给别人住的，给别人共享，这样财富就会越来越多。如果你拥有一辆汽车，一天只能坐两小时，星期六、星期天让驾驶员做滴滴司机，产生的利润一半给驾驶员，一半你拿着，不然汽车空在那里产生不了任何作用。跟别人共享，你的财富就会越来越多。

张雷点醒

有共享，才有财富。未来财富将来自3个方向：共享、消费、股权红利。未来的财富不来自拥有，而是来自共享。未来的财富不是来自节省，而是来自消费，钱不是省出来的，是花出来的。中国的经济要想拉动内需，必须拉动消费，十几亿人口的内部消费可以让中国的经济很快就更加繁荣。在美国、澳大利亚，每个居民不但名下没有资产，还从银行贷款，提前透支来消费，生活得很幸福。

未来的财富不只来自产品，而是来自股权红利。产品只是一个媒介，不会来自财富。股权，就是未来的财富，未来10年的财富红利被称为股权红利。中国经历过资源红利、改制红利，中国的房地产资源红利、人口红利，未来的10年是中国的股权红利时代，人无商不富，无股权不大富。

3. 把握节奏点，确定空间客户模式

设计空间客户模式，企业需要把握3个关键点，即对象、载体、理由。

（1）员工和客户都是对象。

老板的服务对象是企业的员工和客户，一般来看，很少有老板愿意给员工空间的，不挤压员工的空间，老板就算不错了，哪还会给员工空间的；而对客户，老板肯定是有多大空间给多大，甚至有时候牺牲员工的空间来满足客户的空间。

（2）有形无形的载体。

载体即产品，有无形的，也可以是有形的。无形的空间可以指网盘，有形的

空间肯定是座位等看得见的位置以及思想空间等。例如给员工一定的空间，这个空间可以是一个项目的操作空间，可以让更多的利给员工，这样员工更加有积极性。如果把员工的空间给客户呢，那么就相当于把员工的利益给了客户。

（3）理由。

找一个正当的理由，让空间模式更加合理化。为了增加客户在空间更多的停留时间，肯德基愿意提供更多的空间给客户，同时还提供免费的厕所。其实这里所有的理由，不外乎是利益，给了足够的利益，给了有别与其他地方的少见的利益，那就很容易吸引客户了。

阅 读 思 考

（1）你企业所拥有的资产发挥到价值最大化了吗？如何共享企业拥有的资产？

（2）在以往做空间客户服务的时候，你都犯过哪些错？

（3）你从事的是什么行业？请说出你能想到的5种免费空间。

10
第十章

花未来的钱,办现在的事

开门客户模式，是指用公司未来的利润来分摊现在的成本，即花未来的钱，办现在的事，使开发客户变得容易的商业模式。

1. 别人免费我收费；别人收费我免费

开门免费等于企业开"门"后，与客户达成合作，企业的经营比较容易，因为企业的"门"是敞开的，客户是冲着"开门"进来的。可能有一部分客户就需要企业开"门"，如果企业不开"门"，客户就进不来，企业慢慢就经营不下去，就会越做越差，最后形成死循环。

·经典案例· **供暖设备代理公司如何设计开门客户模式**

有一个供暖设备代理企业的老板，他父亲做这家企业的时候就已经难以维持了，因为卖一台供暖设备，盈利并不算大，设备压的资金太大，外面欠款难收回，竞争又很激烈，他觉得压力很大，像一个败家子，父亲给他的家业，快败在他的手上了。他到模世能模式商学院学习商业模式研讨会课程，回去之后就改变了思路，不卖供暖设备，直接给医院和学校提供

第十章 花未来的钱，办现在的事

供暖解决方案。让客户给他划了一块地，把供暖设备、锅炉建设好，整个设备的后期维护不需要客户操心，客户只需要收暖气费即可。学校的暖气费和管理费的成本是3000万元，那么公司只需要2000万元就可以全部解决，学校比之前节省了1000万元，成本降低，还不用承担安全和维修。设备免费，不过合同最少要签5年或者10年，根据投资的金额，如果投资500万元签5年合同，投资1000万元签10年合同。现在买设备已不是客户的困惑，后续的维修、管理等才是其困惑所在，公司恰好全部解决，现在有几家学校的澡堂和供暖被他签下，有几家医院的旧锅炉房也被他更新换代。

他前期的大笔资金是怎么来的呢？原来他是卖设备的，企业赚点中间差价。他利用类似房地产的商业模式，占领一个空间少一个空间的做法，与学校、医院签订5年或者10年的合同，企业从不赚钱到值钱，风投和银行都愿意贷款给他。这还不算，随着与学校的深度合作，企业可以建立大学生大数据。通过"免费"洗澡的措施，建立大学生会员大数据，将一个传统的生产企业转型成服务企业，还插上资本和互联网的翅膀。

某制造厂在买机械设备的时候，并没有给工厂钱，而是按生产的原料来分成，这对双方都有好处。以前买了工厂的设备以后，设备容易坏，经常换零件，现在按照分成模式，生产一吨原料给设备工厂提成，生产方式的转变提升了生产效率，机器也不经常坏了，零件运转一年也坏不了。1个月生产20天，设备正常运行，而专业的设备管理员管理1个月，可以正常生产30天。按照以前的模式，制造厂可能明面上省钱了，其实浪费了人工，并没有省钱，在这个专业分工的细分时代，专业的人干专业，才是最省钱的做法。例如，物流专门交给物流专业的人，他会核算每个地方的成本，不仅省钱，还能让物流更加融入公司体系。

· 经典案例 · 冰激凌企业如何设计自己的开门客户模式

有一家做卖冰激凌设备的企业，进一台冰激凌设备的价格是2000元，以2300元的价格卖出去，一年下来亏损500万元，因为进设备要现金，卖设备被欠账，企业成为一个夹心饼干。这个时候，企业找到了万达，万达不买设备，即使需要设备，一个普通企业公关不了，也进不去。模世能给的建议是，建一个卖冰激凌的整体解决方案，企业投资设备，提供冰激凌的原料，原料便宜、质量好，服务上乘。一家万达影院决定做一个试点看看，没想到刚做了一个就成功了。之后很多影城都在铺设他的店，现在还有几百家店等着装修，风险资金闻风而动，融了好几轮资金。

银行主动找上门给他贷款，其他的朋友想创业，找他一起合作。例如，一个店做众筹，一共投资100万元，每个人投10万元，按月分钱，模式一改变，企业也不缺钱了，没多久就在创业板上市了。现在他卖的不是冰激凌设备，卖的是一种做好冰激凌的能力，同时，他不是赚客户的钱，而是帮客户提升赚钱的能力。

未来企业不是赚客户的钱，而是帮助客户赚钱。模世能不是赚客户的钱，因为企业家不是来消费的，而是来投资的，模式商学院教企业家怎么赚钱，从低到高，让企业家可以赚到500万元到1000万元。诚宇包装依靠包装客户帮客户赚钱。卖冰激凌设备的企业，卖的是赚钱的能力，其商业模式是类似房地产的商业模式，跟麦当劳的模式都是一样的。直接签一个影城少一个万达，一签就5年，这是抢占市场。等到5年以后企业已形成规模了，同类的企业等5年后合同到期再签，企业早已在主板上市了。

这个模式的核心是帮客户赚钱，首先要开门，有一个东西免费让客户进来，这个是"开门免费"的概念，很容易做到了爆品加暴利。举一个例子，马家姐妹面皮店，别人家的面皮卖20元，这家面皮店的面皮就卖5元。5元的面皮比20元的面皮做得量大，质量好，顾客上门不可能只吃一个面皮，首先要喝汤，马家秘制汤，一般汤类属于高附加值、低成本。宣传的时候，就宣传吃面皮喝汤的十大好处，然后重新塑造面皮和汤的价值，顾客很容易接受，于是凡点面皮的人都会点汤，再点自制的秘制饮料，同样高附加值低成本，顾客吃一个面皮喝一碗汤，再加一份饮料，而5元面皮的价格让消费者产生快乐，5元面皮就相当于爆品加暴利。

这个模式的特点就是别人免费，我收费；别人收费，我免费。别人的西瓜饮料都免费，而我的西瓜饮料就是秘制的，所以必须收费。企业一定要让顾客发出互联网时代的"尖叫声"，吃完的一瞬间就开始发微信朋友圈，朋友们都在朋友圈里点赞，都想来尝一尝5元面皮，随着影响力的扩大，不吃5元面皮，来宿州等于白来，甚至全国人都知道宿州有一个5元面皮，这是开门客户模式。

2. 稳定的收益，庞大的资金

设计开门客户模式，企业需要把握3个关键点，即后期一定要有稳定的收益、背后一定要有资金支持、要有大系统支持。

（1）后期一定要有稳定的收益。

如果门开了，企业后期没有稳定的收益，商业模式肯定不能长久。因为前期会有免费的商品作为支撑点，如果没有稳定的收益，企业肯定会砍掉这部分商业模式。只有有了稳定的收益，商业模式才能得以长久运行。

（2）背后一定要有资金支持。

如果没有资本运作，企业会不长久。前期的产品，有的便宜，有的贵，所以企业需要资金支持，不然企业不一定能做长久。

（3）要有大系统支持。

随着客户数据的增多，大数据的信息是支撑企业转型发展的必备条件。

3. 打造优质系统，四大法门来帮忙

企业家打造优质系统的四大法门分别是：找到一群有经济基础的和有未来的人，建立相关的默契的利益共同体，具备共同的价值观和理念，以及三个定制系统。

（1）找到一群有经济基础的和有未来的人。

在培训机构，企业家能找到有经济基础的人，但不一定能找到有未来的人。有未来的人一定是懂商业模式的人，懂商业模式的人一定有梦想、有行动力。在模世能就有这样的人，因为模世能是在中国专门讲商业模式的培训机构，只要跟着模世能走的人，都会商业模式。身边的人是一群研究商业模式的人，都可以称为有未来的人，他们在一起谈的是商业模式，而不是一见面就喝酒、唱歌等。很多企业家，懂了商业模式就有梦想，就有可能成为行业领头羊，知道爱惜自己、知道敬畏。

（2）建立相关的默契的利益共同体。

不管百事可乐、可口可乐怎么斗来斗去，只要有第三个对手出现，它们马上会联合起来，所以非常可乐出来后，就被百事可乐和可口可乐联合竞争掉了，因为背后有默契的利益共同体，两个品牌间可以打来打去，但不允许第三个可乐品牌的出现。

在模世能，对成为商学院的学员，模世能向学员投资100万元，学员投资模世能母基金100万元，建立默契的利益共同体。学员投资母基金可以分享很多上

市公司的股权红利，同时模世能也分享更多学员公司的股权红利，投了100家中有几家成功上市，也就是非常不错的投资了，大家互利互惠，都不吃亏。

（3）具备共同的价值观和理念。

正如上面所说，模世能与学员还有相同的价值观，例如一定是要具有正能量。

（4）三个定制系统。

定制系统是一个很庞大的课程，读者朋友可以在模世能商学院听取关于商业模式转换——定制系统的讲解。

阅读思考

（1）如何从赚一次钱变成赚持续性的钱？如何从赚客户的钱到帮客户赚钱？
（2）在以往用开门模式的时候，你都犯过哪些错？
（3）你从事的是什么行业？请说出你能想到的5种开门客户模式。

11

第十一章

把客户当成你的另一半

伴侣客户模式，是企业用追求、维护伴侣的心态和行为来获得和维护客户，从而让客户对企业死心塌地的商业模式。另外，无条件托起伴侣，让伴侣实现人生价值的最大化，实现人生投资的最大回报，也是伴侣客户模式的一种。

伴侣是同你在一起生活、工作或旅行的人，伴侣客户是在一起生活、工作或旅行的客户。在伴侣客户模式中，企业和客户是同行人，是伙伴和朋友的关系，即企业将客户当成自己的同伴或者朋友。

1. 履行承诺，客户永远是对的

当大家在消费的时候，经常听到销售人员说"顾客是上帝"，语气有点儿调侃，但大家肯定是不信的，一笑而过，因为并没有多少企业会真正去做，这样口号式的内容不过愚人愚己。不说把客户当上帝，真正把客户当朋友的企业更是少之又少。

有一个业务员李红在一家装修设计公司工作，她刚跟一家蛋糕店签约不到两天，蛋糕店才打完预付款，这家装修设计公司竟然倒闭了。蛋糕店的老板觉得李红坑他，语气并不好，李红很委屈，老板卷铺盖走了，她也没有拿到工资。

虽然心情很不好，但她还是给客户出了主意，让他和项目经理直接联系，这样就可以解决目前的问题了。之后,客户问过她一些意见,换了公司的她随口就回答了,并不热情,也并不失礼。但她想到,如果把客户当朋友的话,肯定不能这样做,应该好好回答,好好提意见。

于是她专门去了一趟蛋糕店,发现装修的工艺太差,李红想提意见,可没有机会,于是她发了一个周末祝福短信,没想到客户很快就约她过去量房,甚至让她提提意见,看来客户是原谅她了。

关系缓和后,客户直接告诉她,之前的事情并不怪她,两个人还聊了客户其他店的生意,以及最近的情况如何。最后李红告诉他,这家店的工艺很粗糙,她可以让她现在所在的公司的装修工人过来维修一下。

客户特别感动,说他还有另外一家店,马上要做完设计了,如果李红感兴趣,可以对装修进行报价。李红拿着客户传来的图纸,带着公司的设计师过去测量,在监理方的带领下找到了客户的店面。

通过沟通,想不到监理那边竟然有大量的潜在客户,李红肯定不会放过这次机会。李红专门去工地给监理送去一箱润肺清燥的冰糖雪梨,还发送周末祝福和养生的短信,这样暖心的行为感动了监理,为他给李红介绍客户埋下了伏笔。

蛋糕店客户又来了一个单子,需要做房地产中介店,通过沟通,发现客户对房地产中介行业并不算了解,只是知道这个行业的暴利,这让李红很担心,侧面劝说过,但是客户雄心依旧,这让她不得不放在心里。

她决定送客户一本介绍房地产中介方面的书,但并没有特别适合且比较全面的。于是她花了好几天的时间,每天收集不同的案例,做了一个市场调查和趋势解读的调研报告,内容翔实,自己排版、打印、装订成册,然后送给客户。客户特别满意,很感动,从此她跟客户成了朋友。

· 经典案例 · / 冰箱企业如何设计伴侣客户模式

一家企业的售后团队接到了一封客户的来信,内容很少,主要是咨询冰箱长时间不停机的问题，客户把地址写得太简单，只留下一个小镇的地名和人名。这让整个团队都着急起来，因为这家企业一直都把客户当成朋友来对待。

通过紧急讨论，售后团队决定让一个员工在第一时间拿着信件和修理工具赶赴那个小镇，可是没有具体地址，他只能与当地派出所联系，获得派出所的信任和帮助，在一家家地查找和打听之下，终于在日落之前，找到了信件的主人。

在说明情况后，企业员工马上排查了故障，是客户没有按照说明书使用才导致故障的，他一遍一遍地耐心讲解，让客户听懂了使用方法和注意事项，最终得到了客户满意的赞美，售后团队开心地笑了起来。

这个企业就是海尔，海尔有一个企业理念是"客户永远是对的"。不少企业不仅将其视为自己企业的核心理念，并且还制定第二个企业理念："如果客户错了，请参照第一条。"

这个服务理念其实就像男生和女生谈恋爱，谈恋爱的第一要务是一切都要听女生的，如果女生出现错误，还是要听女生的。当然，追女孩跟追客户一样，同样需要自己（产品）的定位，来确定什么样的女孩（顾客）适合当女朋友（客户），即客户定位，也可以确定女生喜欢什么样的男生，即通过客户需求来确定产品。

我们可以延伸来看，当一对男生女生成为男女朋友的时候，双方应该要对另一半做更好的成全，对自己的伴侣无条件地托起，让伴侣获得更大的成功。

·经典案例· 曹德旺如何对伴侣无条件托起

贫贱夫妻百事哀。曹德旺的老婆陈凤英没有读过书，结婚几十年来，一直忙着煮饭、带小孩。陈凤英通过媒妁之言与曹德旺结婚了，刚结婚的时候，曹德旺就把老婆的嫁妆卖了，当作做生意的本钱，没多久生意亏本了，还欠了不少的外债，陈凤英对此无怨无悔。

等到生意开始有起色的时候，曹德旺认识了一个女人，那个女人让曹德旺特别疯狂，她几乎可以让他把家都放弃。曹德旺跟陈凤英摊牌，没想到，陈凤英说她普通话不好，有人打电话到家里，她怕人家笑话也不敢接电话，她觉得自己配不上曹德旺，如果曹德旺真走了，请他把房子和孩子留下就好。

曹德旺听后特别伤心，觉得愧对自己的老婆。他深刻反思后，决定守护自己原有的家，他发现几乎每个人都会对婚姻不满意，所以即使再婚应该还会是一样的结果。他慢慢成功了，同时把自己的所有财产都归于妻子名下，开始托起妻子，让妻子的人生实现价值最大化。

有人说，夫妻关系和客户关系一样，为什么会有夫妻离婚，以及客户离开呢？主要是因为你给他的并不是他想要的，或者他想要的你又给不了。很多人觉得，现实生活中这样的情况太多了，很多夫妻都是这样过来的，其实这样的夫妻关系是很危险的，如果不能正确把握好自己的位置，夫妻是很容易分手的。

这里也有解决的办法。夫妻可以认识社会现状，如果她很喜欢房、车，但是那并不是我们能享受的；如果想要享受，就需要付出更多的努力；如果仅仅空想，可能一辈子都得不到的。那么客户呢，其实比我们产品好的，必定会贵很多，比我们差的，肯定会便宜很多，认清现状后，客户容易妥协，但我今后会加倍地对客户好，你的事情就是我的事情，因为我们是朋友。

2. 对朋友有多尊重，就会有多放心

设计伴侣客户模式，企业需要把握3个关键点，即放心、尊重、欣赏。

（1）客户放心，你开心。

企业让客户放心，减少他心中的猜忌，可以让客户自行了解企业的同行，这样让客户知道企业并没有赚多大的钱；同时让客户对你放心，如果客户对你说"你办事，我放心"，那么你就成功了。

（2）尊重对方，尊重自己。

企业给客户提供一个好的产品，让客户有面子；如果提供差的产品和服务，就是一种对客户的伤害。企业需要真正发自内心地满足客户的需求，这是一种尊重。

更重要的还有一点，是尊重自己。如果自己不尊重自己，即使你尊重对方，但是得不到对方尊重的话，那么这样的关系并不能长久。例如夫妻关系，一方经常压制另一方，这会让另一方过得并不舒服，时间久了，容易引发大矛盾。

（3）欣赏对方，让对方欣赏。

欣赏客户，不能轻易地否定客户，不能对客户区别对待。如果仅仅是欣赏对方，那么是单相思；如果双方互相欣赏、互相认可，那才能关系长久，才能成为朋友。

阅读思考

（1）你帮助你客户做过哪些事情？
（2）在以往与客户交朋友的时候，你都犯过哪些错？
（3）你从事的是什么行业？请说出你能想到的5种客户。

12
第十二章

其他行业的顾客也能给你用

跨界客户模式，指重复地利用我们拥有的终端客户资源，将客户信用价值最大化的商业模式，即把不同的产品卖给同一个人，满足其多层次需求的商业模式。

客户资源就是大数据，大数据不在于大，而在于深挖；大数据不在于拥有，而在于交互；大数据不在于管理，而在于运营。

1. 跨界，满足同一客户的不同需求

跨界是指事物从一个属性向另一个属性转变的状态。跨界和客户在一起，就可以从让企业快速盈利的角度，本着更加服务客户的态度，找准痛点，抓住客户的需求，让企业增加更多的盈利点。

跨界客户模式是将客户资源利用最大化的一种商业模式。与交换客户资源相比，跨界客户模式是深挖客户的数据，解决资源的渗透率，交换客户资源是广度扩展客户资源，解决资源的转换率，提高客户的复购率。

有一家房地产公司，与其他几个企业成立互助联盟。客户一般到房地产公司购买房子时，聊到自己需要买电器、家具、灯具等信息，企业员工就会向客户推荐联盟的企业，只要客户登记需要，并且交纳费用，那么对方会在所有优惠上再

打八折，并且还有其他礼物赠送。

客户得到了实惠，房地产公司拿到了联盟企业反馈的利润。在这里需要注意的是，互助联盟的企业都是有一定的商业信用的，客户获得了较好的体验，更加信任房地产公司，下次才会直接介绍需要买房的朋友过来。

· 经典案例 · 服装店如何设计跨界客户模式

赵老板开了两家服装店，由于是外贸原单，款式新颖，做工精良，市场上很难买到同类产品，老顾客也不少。但是网店冲击实体的威力太大，他一直在想办法提高客户的流量和成交量。

有一次她遇到了美容店的王老板，两个人沟通后，发现他们的客户购买倾向是相通的，而且并没有竞争关系。同时王老板美容店的产品都是进口货，纯天然，效果好。通过协商，赵老板的服装店宣传王老板美容店的产品，顾客到服装店买300元的衣服，就可以得到美容店价值300元的体验券或者赠品券，顾客拿券可以到美容店领取赠品或者体验。

而王老板美容店可以放一些赵老板服装店的代金券，美容店的会员可以拿着券去服装店买衣服，可以抵扣金额。

通过双方的合作，双方的成交量翻了5倍，第三个月翻了10倍，利润增长特别快，赵老板利用这样的利润不仅新开了几家店，还跟更多其他亲子玩具店、健身馆等进行了双赢合作，最终生意越来越火爆。

在诚宇包装的跨界客户模式中，以免费包装设计方案为入口，以卖包装为手段，以资源整合为目的，以资本运作为后盾，实现了将客户资源重新再利用。在诚宇包装的客户中，不少客户对商业模式非常感兴趣，于是诚宇包装将他们推荐给了模世能，在满足客户商业模式需求的同时，诚宇包装进行客户资源的再次利用。

现在不少企业依旧把客户视为生命线，这并没有错，但当客户是企业的忠实客户的时候，企业就需要重新将客户资源再利用，以此来做到最大化的利用。这里的利用，并不是将客户资源介绍给同类产品的企业，这会培训自己的竞争对手，所以只能跟非同类企业合作。

在人情社会中，人们都很信任熟人关系，当要装修房子的时候，人们往往会让朋友推荐装修公司，因为朋友们会推荐相对信任的装修公司，那么人们相对信任这家装修公司。如果这家公司在外面口碑不错，那么在价格相差不大的情况下，人们会选择这家公司。

同样，当忠实客户有需求的时候，我们会推荐其他行业的公司，我们是一家诚实守信的企业，对客户非常诚实，那么客户就会信任我们的推荐，所以跨界客户的第一个帮助的对象是客户，其次才是企业。

在模世能的跨界客户模式中，模世能一直以模式教育为入口，主要做商业模式研讨会培训，模世能的客户就是企业家，而企业家也需要做咨询孵化。模世能有咨询公司，可以给企业家带来更大的帮助，企业需要投融资，模世能又有母基金做投融资，同时还帮助企业家做资源整合。模世能做的是满足同一类客户的不同需求。

在跨界客户中，最大的障碍就是不能更好地服务客户。在跟客户展示自己的资源，知道客户需求的同时，企业向客户暗示自己有更好的资源，在客户上门求助的时候，却不给客户任何帮助，不能为客户做更好的服务，这样很容易得罪客户。企业家要避免这样的个人行为或者思维，若在无意中得罪客户，就得不偿失了。

2. 从海量的客户群体中找到需求点

设计跨界客户模式，企业需要把握3个关键点，即海量的客户群体、双方的商业信用、背后有大系统支持。

（1）海量的客户群体。

只有拥有海量的客户资料，企业才能在其中提取出客户的共同需要，找准客户的需求。

（2）双方的商业信用。

合作企业一定要有商业信用，不然会推荐一个客户少一个客户，因为不靠谱的企业会让客户体验劣质的服务。

（3）背后有大系统支持。

当企业有海量的客户的时候，如果没有相对详细的客户信息，就很难找准客户的需求，所以一定要有大系统的支持，从信息中找准需求点。

我们可以满足客户的不同需求，但不能满足客户的所有需求。例如有一些企业用客户满意度来对市场打分，有一个连锁咖啡店在一次问卷调查后，发现客户有很多需求，特别是在装饰等方面，等到管理层批准实施后，客户满意度提高了很多，但是业绩却下滑了不少。原因是咖啡店过于注重客户满意度，却将经营放在了其次。

3. 提升价值，让客户离不开你

跨界客户模式的具体操作方式有3步：找到一个有价值的链接，建立一个线上线下的大数据平台，通过跨界实现变现。

（1）找到一个有价值的链接。

例如定制皮鞋的市价是28000元，成本价8000元，而卖给客户的价格能达到

7800元,那么客户就离不开了。再例如微信,大家在使用之后更加离不开微信,微信的价值体现明显。所以企业要找到一个带来客户更高价值的链接,即找一个或者多个优质的合作企业。

(2)建立一个线上线下的大数据平台。

通过各种形式来获得客户的大数据资料,了解客户的各方面情况,当客户有需求的时候,能够第一时间了解,甚至比客户都懂客户的需求。

(3)通过跨界实现变现。

跨界即资源整合,整合自己的客户资源,找准客户的需求痛点,为客户提供更好的服务,让客户离不开你,通过有价值的链接实现变现。

阅 读 思 考

(1)你拥有的客户资源价值做到最大化了吗?

(2)在以往利用跨界客户的时候,你都犯过哪些错?

(3)你从事的是什么行业?请说出你能想到的5种跨界客户模式。

13 第十三章

用大家的钱，干大家的事

众筹客户模式，是指企业通过让消费者参与的行为，令其从一个客人变成一个主人翁，更好地跟随企业，为企业创造价值的商业模式。

融资与众筹有本质的区别，融资是用大家的钱干自己的事，众筹是用大家的钱干大家的事，这是两个概念。

众筹的七大形式，分别是公益众筹、股权众筹、实物众筹、经营众筹、债权众筹、人才众筹、混合众筹。

公益众筹是指通过互联网平台发布公益筹款项目并募集资金的众筹形式。股权众筹是指通过互联网平台发布公司融资项目并募集资金的众筹形式。实物众筹是指通过互联网发布实物众筹项目并募集资金的众筹形式。经营众筹是指通过互联网平台发布不涉及股权仅分享经营权筹款项目并募集资金的众筹形式。债权众筹是指通过互联网平台发布债权筹款项目并募集资金的众筹形式。人才众筹是指通过互联网平台发布人才筹款项目并募集资金的众筹形式。混合众筹是指通过互联网平台发布两种及以上筹款项目并募集资金的众筹形式。

1. 五大原则，令众筹独具特性

设计众筹模式有五大原则，分别是"三子一体"原则、"三者一体"原则、规范原则、缺什么把什么变股东的原则、拥有者和管理者分开的原则。

（1）"三子一体"原则。

三子是指里子、面子和圈子，里子是大家能得到好处，面子是大家能得到尊严，圈子是大家能得到人脉，众筹能让一个参与者至少得到这3个方面的好处。

（2）"三者一体"原则。

三者是指生产者、消费者、销售者。未来的时代，公司其实变成了运营公司，不是管理公司。众筹是商业模式中一个很简单的点，一家企业原来从产品到消费者都是靠员工做销售服务的。而未来公司是没有销售部的，客户就是最好的销售员。

（3）规范原则。

规范原则，包括财务规范、管理规范、产品规范。

（4）缺什么把什么变股东的原则。

缺资源，公司就把有资源的人变成股东。

（5）拥有者和管理者分开的原则。

公司将出钱的人和做事的人分开。

·经典案例· **3W咖啡是如何设计众筹客户模式**

3W咖啡是非常成功的众筹产品。2012年，在3W咖啡难以维继的时候，突然出现的微博让创始人摆脱了困难重重的局面。3W咖啡公开募集资金，每人6万元，每股6000元，持10股，很快就在微博的平台汇集了众多知名的投资人、创业者和企业高级管理人员,股东阵容非常强大。

其实,大家参与投资3W咖啡是为了里面的人脉,并不是为了6万元的分红。这里的人脉资源超过了6万元,3W咖啡吸引了大量的创业者和社会资源,衍生出创业孵化器等创投领域,众筹让3W咖啡出现在众多城市。

在3W后也有不少咖啡众筹项目众筹成功,可是由于实体店铺的经营问题,导致倒闭的咖啡店也不在少数,主要是因为大家众筹成功背后其原因在于玩,而不是为了让咖啡店长久的经营,所以几十万元的咖啡店众筹项目并不能让咖啡店走得更远。

房地产众筹也非常流行。有的房地产商使用小额度筹首付的方式,即每个人花10元钱成功入场,有机会可以获得一套房子的三成首付款,即用大家的钱换一个人的购房首付款,剩下的工作就是贷款了,这会吸引大量的人参与,相当于买一注彩票一样。

有的房地产商或者中介会利用众筹的形式发放海外购房的机会,比如美国一套房的价格是100万美元,众筹参与人参与进来后,只要众筹成功,将获得房租收益,同时可以在几年后,可以将房子变现,获得房产的增值收益。

电影也可以众筹。电影众筹中,最成功的案例非《大圣归来》莫属了,因为这部动画电影的票房创下了当时的国产电影纪录,9.56亿元的票房让投资人狠狠地大赚一笔,其中电影众筹投资人有89人,众筹的回报有3倍左右,这一度引爆了影视众筹的市场,特别是《战狼2》令人震惊的票房的出现,更是让电影投资市场越来越大。

股权众筹在国内的火热市场。排在前列的是华人天地,华人天地是从事文化影视行业的,它的制作团队实力雄厚,背后有大导演入股,各大主管都是影视行业从业许多年的精英,加上众筹时的回购条款、无风险定增,这让新三板公司华人天地的众筹项目成功。

众筹市场的火热程度可以从WiFi万能钥匙的众筹项目看出来。WiFi万能钥匙在股权众筹项目上线后，不到1小时的时间，就超过了10万次的浏览量，到了第11天结束的时候，有超过300万次的浏览量，一共认购70亿元，5712人参与购买，这个众筹项目成为当时参与人数最多的股权众筹项目。

2. 众筹八大步

设计众筹模式八大步骤，分别是定位、商业模式设计、确定组织架构、股东选择、圈子激活、经营方案管理、持续经营、项目退出。

（1）定位。

大家在一起要做些什么。

（2）商业模式设计。

明确众筹的类型和操作模式，超值回报的商业模式来吸引投资人。

（3）确定组织架构。

企业建立高效率的决策组织，建立适合企业的组织构架来满足不同诉求。

（4）股东选择。

根据企业的发展选择股东，确定选择标准和维度，选好牵头人和核心人员，通过层层推进招募股东，确定法律和财务制度，消除潜在隐患，确定股东的出资额度。

（5）圈子激活。

企业制定游戏规则，调动积极性；制定利益机制；引导股东出资。

（6）经营方案管理。

企业确定客户、经营方案的管理，做到步步为营。

（7）持续经营。

持续经营是依靠优秀的战略规划来执行。

（8）项目退出。

设定一个股东入资后的反悔期和反悔方案。

阅 读 思 考

（1）如何让你的客户帮你生产和销售产品？

（2）在以往众筹的时候，你都犯过哪些错？

（3）你从事的是什么行业？请说出你能想到的5种众筹客户模式。

14
第十四章

客户必须要分类

类别客户模式，指企业对客户要分类管理，根据不同的类别的客户提供不同的产品和服务，这样客户才能更好地消费产品，接受企业的服务，让更多的客户看到企业的服务和产品，更愿意加入进来的商业模式。

类别客户模式，是每一个企业家都要掌握的，因为这个类别客户是企业的核心，企业不做类别客户，导致商业模式太单一，容易出现问题。

1. 客户分层次，企业提供不同服务

以模世能的类别客户模式为例。模世能管理客户时会从消费多少上来分，从而找到许多潜在顾客，再通过后面章节的产品结构的设计，让潜在顾客变成新顾客。企业可以将顾客分成四类，分别是新客户、散客户、常客、贵客。

第一类客户是新客户。第一次上门达成交易的顾客都是新客户，例如模世能的新客户是第一次来上商业模式转换快速盈利的客户。

第二类客户是散客户。这类客户不时地来一次，3个月或者半年消费一次。在模世能，客户除了学习快速盈利以外，过了几个月，又来消费商业模式转换—定制方案产品，他们是模世能的散客户。

第三类客户是常客。经常光顾的客户，被称为常客。在早餐店，每天去吃早

餐的是常客，在服装店经常买衣服的就是常客，在模世能，模式商学院的客户是常客。

第四类客户是贵客。例如设立会员制，一次性消费达到一定的水平，成为高级会员，即贵宾。在模世能，贵客就是咨询孵化的客户。

根据不同的客户，有不同的产品模式来对应，有了这样的类别产品，企业需要一个类别团队模式对应，通过类别团队，操作好类别产品，服务好类别客户。

· 经典案例 · 当当网如何做分类客户模式

当当网，将用户分为普通会员和贵宾会员。在当当注册就是普通会员，而贵宾会员又分为银卡会员、金卡会员、钻石会员。

银卡会员是要求会员在最近1年内连续购物金额大于或等于888元，或者购买出版物消费金额大于或等于188元，享受最高9.9折的优惠。

金卡会员是要求会员在最近1年内连续购物金额大于或等于1880元，或者购买出版物消费金额大于或等于388元，享受最高9.7折的优惠。

钻石会员要求会员在最近1年内连续购物金额大于或等于2880元，或者购买出版物消费金额大于或等于588元，享受最高9.5折的优惠。

与一般的超市不同，乐购的会员俱乐部卡最初的设定并不属于简单的积分策略，而是精确的营销战略，他们将顾客消费额度的1%拿来奖励，当顾客的消费额度累积到一定量后，兑换成代金券，直接邮寄到顾客家里，这样很快就形成了会员潮流。

乐购并没有在这条路上越走越远，而是通过大数据将每个客户的习惯了如指掌，通过各种数据来调换货物，保证顾客的购买需求，并且会与供应商建立强大的促销计划，同时根据顾客的兴趣爱好建立各类兴趣俱乐部，组织俱乐部活动，成功潜入到每一个客户的身边。

北京有一家药店也在做会员制度，并不像其他药店购买药品就可以加入会员，而是需要交纳高达100元的会员费，但它的药价大多数都比平价药房低。这样计算下来，其实顾客并不吃亏，药店设计这样的终身会员也不亏本。通过顾客的会员大数据，不仅药店的销售额节节升高，而且没有库房积压的问题，举办的各类药厂的活动，让相关的客户得到了一定的实惠，例如平时折扣不多的药品，现在折扣更多了。

在现金流为王的餐饮行业，有一家餐厅在类别客户模式上做得很不错，短时间内就做到了多家连锁，甚至进驻了大型餐饮酒店领域。它的会员制度非常适合自身的发展，充值1000元，可以9折消费；充值2000元，可以8折消费，还赠送价值1980元的高级物品；充值5000元，可以7折消费，赠送价值3980元的高级物品。会员每次有一大盘花生瓜子可以免费品尝，用完餐后还有餐后水果。最大的特点是这家餐厅的菜品口味好、菜量大；同时服务好，在离开餐厅的时候，服务员还会向顾客鞠躬送别。

当会员类别越多的时候，会员的层次差别就越大。有一家线上交易的艺术馆，只要注册就可成为普通会员，享受基本权益；消费满1万元可以成为银卡会员，享受免费增值服务和一定折扣产品；满10万元可以成为金卡用户，享受不定期央视专家鉴宝服务；满20万元成为钻石卡用户，拥有参与名家艺术沙龙品鉴会的机会；满50万元成为至尊卡用户，享受私人订制服务和企业超级福利。

2. 落差带来差异

设计类别客户模式，企业需要把握3个关键点，即性质、服务、落差。

（1）客户的性质决定分类。

企业把握客户的性质，按照性质来区别类别客户，可以按功能，也可以按购买，也可以按性别，也可以按年龄，也可以按消费等。

（2）按分类实施的服务才是好分类。

通常情况下，按照消费的差异化来给客户分类，企业要真正地按照类别去服务客户，让客户体验出这种服务。

（3）有落差的分类才好服务。

企业一定要让不同级别的客户真正享受到不同类别的服务，让服务有落差。如果没有了落差感，服务都一样，就没有什么区别了，那么对不同的客户来讲就不公平了。头等舱和经济舱有明显的区别和落差，这样的落差也给人带来了特别大的动力。在公司里，有基层、中层、高层的区别，有落差才能给员工带来前进的动力。

阅读思考

（1）如何用落差的力量经营客户和员工？
（2）在以往对客户分类的时候，你都犯过哪些错？
（3）你从事的是什么行业？请说出你能想到最好的5种分类客户模式。

第二篇 产品是地利：
让企业产品更加具有魅力特性的十种模式

※ 产品模式，是指企业根据客户模式而生产、研发、制造、营销、服务的系列产品方案，其更好地为客户解决困惑，满足客户需求的商业模式。企业设定产品模式是明确企业经营的内容。

※ 企业不能抛开客户模式去做产品模式。首先要明确服务的对象是谁，若产品没有弄清楚为谁而做，最终会进入库存。之所以如此，是因为企业在没有先研究客户模式的情况下闭门造车，最终导致产品没人需要。

※ 企业应在满足客户的基础上制订产品研发、制造、营销、服务的系列方案，在销售上才能达到事半功倍的效果。

15
第十五章

好的产品名称是占据消费者心智的符号

符号产品模式,是指企业为产品起一个好名字和设计一个好标志的商业模式。

在做产品的时候,第一步一定要做一个符号产品,企业如果没有符号产品模式,那么第一步就输了,因为好的名字和标志是产品成功的关键,是占据消费者心智的基础。企业最大的财富不是厂房、人才等资源,而是在消费者心目中占据的位置,是消费者在去消费这一类产品时能突然想起的标志。

1. 优质的名字和标志令企业获得更高价值

市面上的品牌产品给消费者先入为主的印象。虽然市场中有很多同类的产品,但顾客在进入超市前已在心中锁定了要购买的品牌。比如去超市买可乐,想买的是百事可乐或者可口可乐;买洗衣粉,一般是买汰渍或者雕牌;买方便面,一般是买康师傅或者统一;买凉茶的人肯定喝王老吉。

即使可口可乐的资产都没了,但只要"可口可乐"这四个字还存在,它同样可以很快回到世界500强之列。由此可见,产品的名称和标志对消费者产生着巨大影响。比如,模世能是一个致力于打造全球最受尊重的中小企业商业模式转换一站式平台,其口号是"企业因模式而精彩"。单从"模世能"这个名字来看,我们就能猜出其服务范围,即转换商业模式,通过自身的特征向消费者传递企

第十五章 好的产品名称是占据消费者心智的符号

业的服务对象和职责,给消费者留下很深的印象,形成了认知,"模式"与"模世"音同,让消费者易于理解和联想。模世能的LOGO也体现了其企业的理念,即你帮助我、我帮助你,象征模世能与企业家互动,成功是靠大家的努力来的。

起名字和做产品是有先后顺序的,企业不能先起名字再做产品,要先决定做的产品,为哪种客户解决哪类困惑的产品,最后从客户、市场等方向来起名字。

举一个例子,模世能的一位客户是做酒代理的生意,通过咨询和接受辅导,思维方式有了很大提升,例如处理库存、整理商业模式等。但是这个老板想做一个自己的酒品牌,他觉得这是他一辈子的梦想,当看到目前有机会实现的时候,他突然下了很大的决心,即使大家都认为酒业难做。

中国的酒文化非常丰富,各地都有自己的名酒。酒的品类很多,根据酒宴的不同,也有相应不同的酒,而且每一种酒的品牌几乎都占据了每一类市场。根据我们细分市场后发现,只有"庆功酒"没有人做,那么目标客户就确定为考上大学的家庭酒宴上的客人。产品就是"学业庆功酒"。根据资源,"状元酒"已被注册了,金榜题名、榜上有名、谢师酒等名字太俗套。

听到"考上大学"想到的第一个词语是"金榜题名",那么从中选一个字,一般选"金",很容易想到金榜题名。"考上大学"代表了"心想事成",所以第二个字,我们选"成"字。现在是"金成",两个字是注册不了商标的,所以还得要一个字。考上大学的学生,一般被称为国之栋梁,这里肯定不能选"国",可以选最后一个字"梁",即"金成梁",但这个"梁"并不能用,而酒是用粮食酿造的,那么可以用"粮",所以酒的名字就是"金成粮"。

金成粮,学业成功第一庆功酒品牌。这个名字以及后面的商标并不能马上就可以被用起来,如果企业加上一套庆功酒方案,例如将庆功宴的布置、主持人、礼物、礼品、酒店等统一帮客户安排好,比客户自己筹备庆功宴节省40%的费用,这种以卖酒为目的搭建的一站式解决平台,使企业上升了一个层次和高度。

创业者在为品牌起名字的时候往往会陷入误区,违背了认知规律。例如"阿楷烤鱼",之前老板要做拉面,店名叫阿楷拉面,北方人、南方人都吃面食,且北方人居多，此名称并没有奇特之处。还想起名"阿楷牛蛙"，但我们持反对意见，因为随着人民生活水平的不断提高和人们对环境保护的日益重视，一部分消费者会对名称中直接出现"牛蛙"一词产生反感，可以做关于牛蛙的爆款菜，但是不要起关于牛蛙的餐厅名。

饭店的名称已经被注册成商标，无法更改，最后根据名字进行反推，由名字中的"阿"字进行延伸，联想到南方人名字中用"阿"字较为普遍，而南方多水，盛产鱼，所以做的鱼必定会成为主打商品，最后选了"阿楷烤鱼村"。

但问题是，烤鱼店数不胜数，若想使该餐饮店脱颖而出，必须打造同行业与众不同的品牌，最终选择做细分品类生态烤鱼，原因是人们由生态会联想到健康，烤鱼界中生态烤鱼必是首屈一指的。在中国没有做生态烤鱼的创意，而阿楷这个"生态烤鱼"品类进行了实践，迅速成为中国生态烤鱼第一品牌。之后，做出一个生态烤鱼的完整故事，"烤"出和别人不一样的品类，在某一个地点先开一家旗舰店，继续在这个地方打开市场并向全国辐射。

名字一定要跟产品吻合，不然就容易亏本。有位老板是做四川鱼类的，他起的名字是"渝府时代"，"渝"指重庆，但重庆这个"渝"字跟鱼没有任何关系，起名的人也是随口起的，自己也说不出所以然来。其实"渝"代表口味是川菜，所以他的名字起得很不成功，最后我们根据定位帮企业取了"鱼纳百味"。

张雷点醒

产品的名称与顾客的认知不吻合，企业品牌永远无法占据顾客的心。

· 经典案例 · 饿了么如何设计符号产品模式

"饿了么"，这个名字的叫法与一般的餐饮业名称不同，但却很显眼，朗朗上口。纵观一些做外卖的网站，例如百度外卖、美团等，让人产生一种约定俗成的印象，百度只是一个搜索引擎，美团就是做团购的。这里有一个定律：一般消费者认知了某种东西就不会再改变，企业不要改变消费者的认知，因为定位最大的死穴是难以改变消费者的认知，得到事倍功半的效果，除非花大力气投钱打造新品牌。

"饿了么"作为一个口号式名称出现，一时间让很多消费者受益，消费者对"饿了么"的认知和定位就是外卖，企业"我们只做外卖，我们只会做外卖"的标语，果然很快便席卷餐饮业，令企业成为外卖主打品牌。这是一场攻坚战，必须占领战略要地，才能成为首屈一指的中国外卖平台。

·经典案例· 合芯灵幼儿园如何设计符号产品模式

"合芯灵幼儿园"最初叫"金色童年"，但注册时发现已经被抢占先机，于是改称"金巧师""爱德园"等名称，但都不成体系，也就是没有明确、清晰的定位。首先从中国未来幼儿教育的发展趋势进行分析，这个行业是要跟国际接轨的；其次从人性、教育学、思想内涵上来分析，6岁之前是决定孩子一生的关键时期，所以得出结论：幼儿教育要与国际接轨，要合乎孩子的心灵，在孩子6岁之前就要定型孩子的人生。

参考国外儿童教育的案例发现，美国、日本、澳大利亚、德国等国家的幼儿教育企业在孩子的童年都不重知识，而是让其尽情地玩、想象。而中国的幼儿教育却与之相反，各种培训、课程把孩子有限的时间塞得满满的，所以孩子一开始就特别累，这很容易泯灭孩子的天性。

从商业模式的角度来讲，国内几乎没有一家幼儿园能做到合乎孩子的心灵，那么我们就做一个这样品类的幼儿园。从产品定位上，合乎心灵取其中的"合心灵"，创始人的老公姓何，那么第一个字"合"就出来了，创始人名字中有"芳"，所以第二个字用了"芯"，幼儿教育又讲究符合孩子的心灵发展，一切从心出发，因此起名"合芯灵"。其含义不言而喻，能够打动父母的心灵，让他们对孩子的教育有很好的期待。原来7所幼儿园全部升级为"合芯灵"幼儿园，有模世能在背后的助推，再加上国家政策以及与国际接轨的趋势，瞬间就成就了一个真正合乎儿童心灵的中国教育模式。

有一家叫润丝的企业，本来是一个护理头发的企业，名字起得一般，通过模世能包装升级，最后改名为"牧草莉丝"。"牧草"就代表一种草原，牧代表虔诚，而草代表天然，"莉"就代表女人，"丝"就代表头发，是致力为精致优雅而又有格调的女性提供头部清洁及养护的专业连锁品牌。名字改变后瞬间感觉"高大上"起来，单价提升了，洗头的客人还排起了长队。

2. 念念不忘的名字，耳目一新的亮点

设计符号产品模式，企业需要把握3个关键点，即字数、亮点、认知。

（1）字数不用多，两三个字即可。

在中国起名字的字数不要多，因为中国人的名字有自己的特点，国外4个字的名字居多，中国起名三个字合适，除非特殊情况才有四个字，在注册公司的时候，通常两个字的商标是基本注册不下来的。

（2）亮点让人永不忘记，一下子记住。

起名字的关键是要具有它的亮点，让别人一下就记住，永远不会忘，又能形成认知。通常情况下，企业可以按卖点、功能或者名人效应等来起名字，但最终一定是根据定位。

（3）迎合认知，消费者才能产生共鸣。

企业应该去操控顾客心中已经存在的认知，去重组已存在的关联认知，不是去创造某种新的、不同的事物。一般人可以忍受别人对他们说一些自己一无所知的事情，如新闻、新生事物，但却不能容忍别人说他们的想法是错的。改变心智是定位的灾难，企业应聚焦于潜在顾客的认知，而非产品的现实，认知就是现实。

阅读思考

（1）如何让企业的名字符合企业的定位和认知？
（2）在以往给企业取名的时候，你都犯过哪些错？
（3）你从事的是什么行业？请说出你能想到的5个企业名字。

16
第十六章

满足顾客心理上的需求

象征产品模式，是指产品除了产品本身的功能以外，还能满足客户的心理需求和精神需求的商业模式。

1. 有精神的产品，使用起来"倍儿有面子"

顾客去马家姐妹面皮店，不仅仅是为了吃饱，吃饱是一碗面皮本身产品的基本功能，如果吃面皮是为了饱腹，到谁家吃面皮都是一样的，不一定非要到马家姐妹面皮来吃13元面皮，而不吃平常的7元面皮。因为吃马家姐妹面皮，能吃出一种安全，吃出一种情感，有妈妈做的面皮味道。好吃不是做出来的，好吃是定位出来的。

所以，设计象征产品的思路有两个：让客户觉得产品有精神，让喜欢你的顾客觉得别人是傻子。

（1）有精神的产品，满足客户的心理需求。

对于一样的产品，顾客还愿意购买，是因为产品有精神。

模世能的研讨会课程体系已完善，但对外不宣传，2016年就开了200人的课堂，而1000人的课堂即使能开也不开，2017年模世能才开始宣传，更多的企业家们愿意过来听课,是因为产品有溢价或者有精神。大家即使觉得再贵也要吃褚橙,因为我们吃的是一种励志、是一种精神。当年,笔者有一位小兄弟打算开一家奶茶店。由于城市品牌太多,所以他决定到郊区开店,简简单单地装修以后就开业了,一天的营业额只有2000多元,房租、人工费较高,所以亏本了。在模世能,学完一套课程后,奶茶店不再为卖奶茶而卖奶茶,通过重新调整升级,卖的是一种能量,从单价每杯4元的奶茶卖到每杯15元。每杯卖4元的时候没人喝,每杯卖15元的时候出现顾客排队购买的现象,一天的营业额达到七八千元。

这家奶茶店从整体定位,到整个客户模式的设计,再到产品模式的调整,最后到团队模式的形象改变,除了原材料,企业由内而外全部换新。每天一杯正能量,到这家奶茶店喝奶茶,喝得并不只是奶茶,而是正能量。在产品模式上,每天限喝一杯,不能多饮,因为一个人一天喝两杯,连续喝三天肯定不想再喝了。赚钱要赚一辈子,不是一下子,要细水长流。这已经不是在卖奶茶,而是卖一种能量、一种青春、一种阳光。

企业家们可以感知一下,你的产品背后卖的是什么。在沃尔玛,客户没有因为便宜而购买,而是因为安全而购买,所以即使产品的价格贵,顾客也会买。生存的需求决定产品的基本功能,当大家解决基本温饱问题,开始提升生活水平的时候,解决基本生存的功能性问题已退居次要。因此一个产品除了具备最基本的功能以外,还需要上升到一个更高的层次——心理或者精神的需求。

根据自己企业的产品,根据自己企业的定位,根据自己的客户群众,把它设计到商业模式中,永远能做出自己的差异化,就像"合芯灵"幼儿园一样,从一开始创立第一家店时就成为同行业同品类的中国的第一品牌,因为消费者会永远记住第一个品牌。模世能从一开始成立公司的时候,就向中国中小企业商业模式转换的第一品牌靠拢,现在变成名副其实的第一品牌。

(2)产品的意义:价值让顾客物超所值。

只有做到这一步,企业的产品才有意义。只有把商业模式学会,慢慢体悟、策划符合自己企业的商业模式，企业才能做大，因为现在并不是一个供不应求的时代，也不是勤奋就能获得大量盈利的时代，勤奋可以获得盈利，但是盈利的核心并不全在于努力。

2. 选准产品的客户，做出差异特征

设计象征产品模式，企业需要把握3个关键点，即对象、差异、意义。

（1）产品有特点，针对特定的客户对象。

企业一定要找到产品针对的客户对象，因为对象不同，群体就不一样，群体的特征就不同。

（2）产品有差异，具有不一样的特点。

与其他产品相比，产品的特点有什么不同。

（3）产品除功能外，还要代表其他含义。

产品除了主功能以外，还有其他的意义，例如比别人的产品更励志、有精神。

张雷点醒

产品的意义不仅仅是满足功能的需求，更要满足客户精神的需求。做正能量的产品，不但升华了产品的价值、意义，更为企业带来不一样的效益。

·经典案例· **餐饮公司如何设计自己的象征产品模式**

有一家快餐餐饮公司，名字是骨干精英，市场上的快餐同类产品很多，消费者为什么不吃13元的快餐，非要吃23元的"骨干精英"快餐呢？做快餐不仅要具有卫生、美味及量足、送餐快等基本功能需求，还要能满足客户的精神需求。高级白领的很多意见得不到老板的采纳，慢慢地变得优柔寡断，但他们渴望做一个干练果断的人，而"骨干精英"快餐提出了这样的价值主张："果断从吃快餐开始！"不仅满足客户卫生、美味，量足、送餐快等基本需求，还满足了干练果断的心理需求。这个快餐可能比别的快餐好吃一点，但并不会超过特别多，它做出来的差异是，吃了"骨干精英"的快餐，比别人更加果断。即使"骨干精英"快餐的价格属于中上等，顾客还是会选择它，因为他们吃的并不是快餐，而是一种精神。

阅读思考

（1）你的产品背后卖的是什么？
（2）在设计象征卖点的时候，你犯过哪些错？
（3）你从事的是什么行业？请说出你能想到的5种象征产品。

17
第十七章

为顾客讲一个让他动容的故事

故事产品模式，是指企业做产品的由来和意义，以便和顾客更好地进行感情链接的商业模式。

1. 挖掘企业内涵，传递企业文化

"合芯灵"幼儿园做的是幼儿的教育事业，它也是一个产品。很多孩子在6岁之前被压抑属于他们的本能，被压制心灵的发展。虽然孩子们小时候很聪明，能够背诵几百首唐诗，还能写几百个汉字，但是到初中、高中后成绩却越来越差，这样的情况比比皆是。有的孩子从小成绩不好，喜欢贪玩，但是做的是合乎心灵的事情，初中、高中的成绩逐渐好了起来，现在也正在干一番事业。

所以，在教育一线工作了多年的笔者，希望为中国的幼儿教育事业做一份贡献，让孩子们都可以从小呵护好心灵，都能得到更好地成长，为将来取得更大的成功打下坚实的基础。如果把幼儿园的事业如故事一般这样宣传，是非常有价值的。企业做大的过程就是讲故事的过程，如果一家企业不会讲故事，那么这个企业是做不大的。

在故事产品模式的设计思路中，第一步是挖掘故事，企业一定要做品牌定位，品牌定位包含品牌内涵，品牌内涵可以挖掘故事；第二步是根据故事点展开，继续挖掘故事，真真正正地与企业的实际情况相结合，让顾客切身体验到企业文化，这才是企业的故事产品。

例如格力，通过董明珠的故事来传递企业文化。如马云经常通过内部讲话、讲故事传递企业文化，而阿里巴巴就是通过这样讲故事一步一步走过来的。根据企业产品定位、象征意义，结合实际情况，通过故事宣传出去，让客户感知企业文化。在这个时代，企业家要学会做故事产品模式，学会讲故事。

张雷点醒

企业做大的过程就是不断讲故事的过程。企业做出的产品，就像一颗糖，没有外衣，虽然实用，但并不漂亮，如果加上了产品的故事，就像包裹了一层漂亮的糖纸，引人注目。

·经典案例· 巧克力企业如何设计自己的故事产品模式

有一个男孩子叫莱昂，在王室的厨房当帮厨。一天，卢森堡王室的夏洛特公主要出嫁，莱昂忙得不可开交，双手裂了很多口子，忙完最后的工作，他制作了一小盆盐水专门清洗伤口。这个时候，有一个善良的小姑娘进来了，她好奇地问莱昂疼不疼。

莱昂笑着回答"不疼"。两个人聊了起来，原来小姑娘想吃冰激凌，但家人不希望她多吃，为了满足小姑娘的愿望，莱昂在深夜里偷偷溜进厨房，为小女孩做了一份冰激凌，俩人开心地边吃边聊。

莱昂知道小女孩是芭莎公主，本来对女孩子有好感的他将这份感情深埋心底。过了几个月，芭莎公主被要求与比利时的王子结婚，她伤心地把自己关在房间里，绝食抗议。她想起自己的小伙伴莱昂，露出了甜甜的笑容，但想到自己的状况，又哭了出来。

莱昂心急如焚，他能做的只有等待。等到芭莎公主出现的时候，莱昂为她准备了一份甜点，冰激凌上用热巧克力写了几个字母"DOVN"，很含蓄地表达"DO YOU LOVE ME"，可是芭莎公主似乎并没有看见，悲伤地吃着甜甜的冰激凌。

没几天，芭莎公主出嫁了，莱昂也伤心地离开了王室。他开了一家糖果店，结婚生子，过着一个普通人该过的生活。但莱昂的心却一直在芭莎公主的身上，这让他的妻子伤心地离世了。

直到有一天，儿子追一辆冰激凌车的时候，莱昂突然发现，他想为芭莎公主制作更好的冰激凌，经过精心设计和儿子的配合，一款名为"DOVN（德芙）"的巧克力冰激凌出现在糖果店的橱窗里。

当这款巧克力冰激凌火爆销售的时候，一封来自芭莎公主的信件出现在他的面前。这是一封一年多前写的信，受到战火的影响，直到现在才到他的手里。

莱昂看完信后，决定去找心中的爱——芭莎公主。20多年未见面的俩人重逢时，躺在病床上的芭莎泪眼蒙眬地看着莱昂，声音微弱、沙哑地喊着莱昂的名字，莱昂一下子半跪在芭莎的身旁，声嘶力竭地呐喊"芭莎、芭莎"。

情绪稳定下来后，俩人回忆过去的点点滴滴。在芭莎离开卢森堡的时候，吃到最后一个甜点，并没有注意到那个冰激凌上已经融化的"DOVE"。她心中依然爱着莱昂，但一切都迟了，几天后，芭莎公主永远地离开了人间。

莱昂觉得如果那个巧克力没有融化，芭莎肯定会明白他的心意。他决定将巧克力设计成固态的，这样可以保存更久，并且能够纪念他和芭莎的爱情，过了许久，一个名字叫"DOVE（德芙）"的巧克力问世了。

这个悲伤的故事是由德芙巧克力讲的，它把爱情演绎得淋漓尽致。有人告诉女孩子，如果男孩子真爱你，肯定会送德芙巧克力给你。这样的创意非常有价值，即使德芙巧克力价格不低，仍然会有人买，因为他们买的不是巧克力，而是一种爱情，代表着"我爱你"。

这个故事在全世界传播，德芙巧克力出现在各个国家的情侣身边，它象征着浪漫的爱情。然而，这样的故事是无法考证的，所以在设计完商业模式之后，确定好产品的定位，企业一定要设定好故事，让产品成为故事产品，再次升华象征意义。

· 经典案例 · 海尔集团如何设计自己的故事产品模式

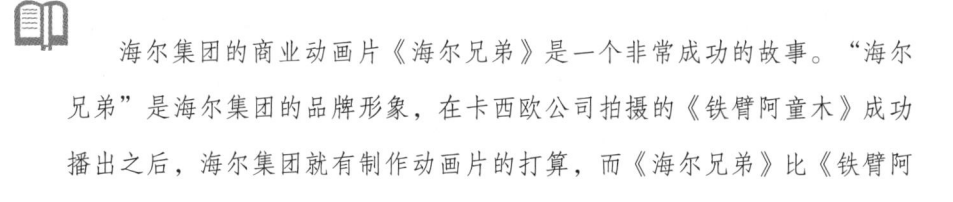

海尔集团的商业动画片《海尔兄弟》是一个非常成功的故事。"海尔兄弟"是海尔集团的品牌形象，在卡西欧公司拍摄的《铁臂阿童木》成功播出之后，海尔集团就有制作动画片的打算，而《海尔兄弟》比《铁臂阿童木》更加商业化。

海尔集团经过8年的时间，终于制作完成了200多集的动画片，不仅在央视播出，还在美国电视台播出，深受小朋友的喜欢，让海尔获得了商业上的成功，提升了海尔在国际上的知名度，同时还提高了品牌在国内的美誉度。动画片对孩子们的影响深远，会在潜移默化中影响一代人，使他们在心中认可海尔，这6000万元拍出来的效果完全超出了几个亿广告的效果。

2. 一个好故事，为企业包上一层糖纸

设计故事产品模式，企业需要把握3个关键点，即对象、关联、意义。

(1)不同的对象,撰写不同的故事。

对象是产品,根据品牌和文化来撰写故事。同一个产品,企业会赋予它独特的内涵,企业的名称、产品的标识不同,故事的方向也会不同。

(2)故事的性质,与企业的特点关联。

故事要跟企业的实际相结合、相关联。很多创始人都会讲故事,不少人讲的都是与自己相关的故事,会把自己对产品的过去展现各种情绪,对产品的未来表现出积极的一面。

(3)故事的意义,让产品成为一种象征。

故事对产品的意义非常显著,可以让产品成为一种象征。故事的意义其实也是一个卖点,如果卖点突出,可能会成为企业独特文化的构成部分,当产品成为一种象征的时候,适合象征产品模式,增加了产品的附加值。

对象不同,所处的情况不同,故事的特性就会不同。一个好的故事,会把企业文化添加进来,最终表达出故事的意义,让产品成为某种象征。

一般来说,讲故事的时候就是塑造企业品牌的时候,一个品牌的塑造是通过其定位、价值等方面形成的。与包装设计、明星代言等包装相比,品牌故事更是一种深入人心的包装手段,因为故事可以给人更加感性的触动,这样独特的感觉会抚慰人的内心,落在人的心底。

例如,在益达广告中经常会出现故事对话场景,里面的爱情故事在不经意间让大家感动,同时故事的酸甜苦辣更容易感染观众。其中比较突出的是"酸甜苦辣篇"广告,产品定位为口味卓越的口香糖,为了关爱牙齿、关爱对方,在关爱对方的基础上,将益达和爱情连接在一起。

故事讲的是男女主角在加油站认识,一见钟情后一起四处流浪,在路上发生的几个酸甜苦辣的故事。作为女主角爱的信物,益达一直是两个人爱情的见证，让观众一起见证了他们的爱情，同时见证了益达的作用关爱口腔健康、关爱对方。

阅读思考

（1）如何让自己的产品更好地与客户连接？

（2）在讲故事的时候，你都犯过哪些错？

（3）你从事的是什么行业？请说出你能想到的5种故事产品。

18
第十八章

有些产品只满足精准人群，小即是大

对象产品模式是指企业针对精准客户核心需求和困惑做某一品类产品的商业模式。

1. 不同的产品策略，不同的市场

很多企业在产品的策略上容易出现问题，如果出现策略上的失误，会让企业走上不归路。对象产品模式有五大策略：

第一个策略是单品极致化策略：之前产品和客户的关联体积有100米宽、1米深，现在企业的产品和客户高度聚焦，做到1米宽、100米深的关联体积。

第二个策略是市场专业化策略：聚焦同类客户，企业通过提供不同种类的产品满足相同群体的不同方面的需求，树立客户专业的商业信誉，因此新产品品类的研发能力是业务发展的关键。

第三个策略是产品专业化策略：聚焦同类产品，企业通过产品线，再次细分，满足不同细分市场的客户需求，树立产品专业的商业信誉。企业对新细分市场的拓展能力是企业业务发展的关键。企业应集中生产、专门销售一种或者一类产品。比如专门为野外探险的旅行者提供的系列配套产品。

第四个策略是选择专业化策略：聚焦同类竞争优势（技术、管理、资本），通过提供不同种类的产品满足不同细分市场需求，同时具备对新细分市场的拓展能力和新产品品类的研发能力。

第五个策略是全覆盖策略：全部通吃，只要能想到的都做。很多中小企业家容易犯这个错误，企业的产品线大而全，对市场细分不够，误以为是针对相对聚焦的细分市场，实际上是针对多个大市场，结果没有重点，资金容易出现问题。

有一些企业的产品策略出现了问题，使用的是市场专业化策略，原来什么都做，产品策略出了问题，需要马上作出调整，企业才能出现生机，否则将会付出巨大的代价。

> **张雷点醒**
>
> 企业应根据不同的市场、不同的客户、不同的产品制订不同的策略，尤其要根据不同的点把握自己的精准客户。

2. 精准定位客户，从低端产品到高端产品

设计对象产品模式，企业需要把握3个关键点，即精准、体量、维次。

（1）企业要找准自己的精准客户。

企业自以为客户群很广，遍布各行业；客户群年龄段在18~60岁，遍布全国各地；企业的客户是全国100家加盟商、代理商。经销商、加盟商不是客户，是合作伙伴，客户是指最终购买者、最终使用者。在消费品上，场景和客户同样重要，定义场景（使用、购买）就是定位客户。

模世能培训咨询业务的目标客户定位（聚焦）分为4种，即成长型中小企

业；心怀梦想，希望做大做强的企业；目标远大，希望融资、并购、挂牌上市的企业；不甘现状，希望商业模式创新求变的企业。

以客户需求为立足点设计商业模式，产品设计更为精准：90%的时间关注目标客户，研究客户需求，10%的时间留给竞争；90%的时间研究客户需求，10%的时间开发产品；产品是满足目标客户核心级隐性需求的载体和工具。因此，随着需求的变化，产品一定具有"随需而变"核心级的隐性需求；目标客户的核心级隐性需求（1米宽、100米深），尚未被满足的、客户迫切需要的、市场空间巨大的需求。

（2）产品的市场体量大小决定产品的发展空间。

产品市场的体量小，发展空间就有限；体量大，发展空间就大。

（3）根据客户的维次来选择产品。

客户可分为一般客户、精英客户、高端客户，针对的客户不同，企业的产品就不同，一般都是低端里边分切出高端。

· 经典案例 · / 滴滴出行如何设计对象产品模式

滴滴出行是一款免费打车软件，旨在解决日常生活中人们打车困难的问题。人们能够足不出户，通过软件简单操作打到车。根据乘坐方式不同，分为快车乘客、专车乘客、顺风车乘客、拼车乘客，不过现在的滴滴不仅满足了乘客基本的打车需求，还满足了乘客的包括租车、出租车、公交、代驾等更多需求。

滴滴出行的客户并不只是打车的乘客，开车的司机也是滴滴出行的顾客。滴滴会根据城市的不同，制定不同的起步价，并且根据乘客的点评分数来给滴滴司机相应的价格，针对乘客不同，司机可以加入快车模式、专车模式、顺风车模式、拼车模式等，同时滴滴司机分为快车司机、专车司机、顺风车司机、公交司机等。

目前移民是一种对象产品需求，属于高端产品。与此有关的，出国留学也会衍生出国移民，因为在孩子出国留学之后，很多家庭为了照顾孩子会办理全家移民。出国移民又包括投资移民、创业移民、技术移民、购房移民等。根据目的地不同，又分为美国移民、加拿大移民、欧洲移民、澳大利亚移民等。根据资金和需求不同，又分为百万元以下项目和百万元以上千万元以下项目。

对于很多人来说，购房移民可能是最简单的移民方式，但很多可以购房移民的国家并不是特别适合居住，一般移民项目花费资金较少的国家，经济状况并不如意。如果有移民意向的人想要享受移民国的福利，那么还要去更适合居住的地方，所以大多数想移民的人都想去加拿大、澳大利亚以及美国，这些国家的移民政策是进来一个外国人，要让自己国家的10个人或者几十个人获得工作或者收益，于是创业移民项目也获得了市场的认可。

某一家移民公司便抓住这一机遇，其制定的出国移民解决方案，不仅包含提供一对一的外语培训，还有各种移民项目。通过移民前的培训，提高移民面试的通过率，并且提供移民售后服务，一对一或者一对多地帮助移民们更好地在当地生活，定期回访，解决各种突发问题，这样的服务型移民公司深受客户的喜爱。

·经典案例· 共享单车如何设计对象产品模式

提到对象产品，不得不说共享单车。共享单车最早出现在国外，2007年我国引进了共享单车模式，一般由大城市分配，在街道旁边设有桩单车，一直到2014年ofo小黄车的"无桩单车共享"模式出现，骑车人随时随地都可以获得单车的使用权。

ofo小黄车最早是大学校园出行问题的解决方案，公司成立后的第二年,在北大校园成功推出2000辆单车,共享单车在大学校园具有庞大的需求,这让ofo获得迅猛发展,没多久,资本方就悄悄进来了。

校园需求是从宿舍到教学楼,而社会上的需求是从地铁到公司、从地铁到家里。在快节奏的时代,步行已经满足不了社会的需求,共享单车恰好满足了人们在这一路段的精准需求,导致共享单车的市场突然变得庞大起来。

这个时候,摩拜单车上线了,开始在上海、北京、广州、深圳等城市投放单车,甚至登陆了新加坡和英国等国家,如果说ofo满足了大学生的需求,那么摩拜就满足了城市普通居民的需求,当然,ofo后续也加入到了城市市场之中。

·经典案例· 返利网如何设计对象产品模式

返利网也是一个对象产品。顾客在购买商品的时候,习惯于讨价还价,但一般店铺会有一个底价,而对顾客来说,只有更低,没有最低。所以在网购时代,返利网出现了,只要购物就有返利。

无论是京东还是天猫,抑或是淘宝、携程都有返利,当然商品的入口必须链接返利网,通过购物获得返利币,返利币达到一定值可以兑换电话费,或者直接返利到银行卡、支付宝,这样的形式获得了市场的认可。

目前,在返利网,淘宝、天猫的返利最高可达到36%,网易严选最高达到10.5%,京东最高返利达到5.6%,"超级返"的最高返利可达到72%。除了返利,里面还有各种折扣,也就是说,返利网把顾客的需求把握得非常透彻。所以,顾客网购的时候第一步会想到的是返利网,因为返利网不仅可以折扣购物,还可以返利。

阅读思考

（1）你的产品解决了哪些精准客户的困惑？

（2）在以往满足精准客户需求的时候，你都犯过哪些错？

（3）你从事的是什么行业？请说出你能想到的5种只满足精准客户需求的产品。

第十九章

满足客户的核心需求，让客户永远离不开企业

需求产品模式，是指企业的产品能满足和解决客户的核心需求和困惑，让客户永远离不开企业的商业模式。

需求产品模式是做一个客户需要的产品，而不是企业想做一个自己设想的产品。我们因客户的需要而存在，因解决客户的问题而有价值。例如，模世能因中小企业家转型的需要而存在。

1. 因客户需要而存在，因解决客户问题而有价值

设计需求产品模式的思路从案例开始。某某食品是新三板的企业，它的商业模式是由模世能设计的。

·经典案例· 某某食品如何设计需求产品模式

通过当年的调查发现，某某食品一年做2亿元的产值，有3大类、20多款产品。其中一款产品是它的主产品，名称是薯豆泥，属于冷链产品，每年有1亿元的销量额，占了整个企业销售额的一半。企业所在地是中国的土豆之乡，企业因为卖土豆产品而得到了消费者的认可，得到了地方政府

第十九章 满足客户的核心需求，让客户永远离不开企业

的支持。

这类产品有3个品类。第一类产品是休闲食品，休闲食品的客户对象是小孩子，经销商是超市或者批发商，终端客户仍然是个体，所以营销模式是B2C（企业对消费者）。

第二类产品是薯类的产品原料和相关的薯条、薯豆之类的产品，属于冷链类土豆主产品，其营销模式是B2B（企业对企业），客户对象是连锁餐饮店和食品公司，客户把原材料进回去再进一步深加工，成为产品后再卖出去。

第三类产品是蔬菜，就是土豆，无须进行深加工，直接清洗表面的泥土，装进编织袋或者箱子，这一类的客户群体是蔬菜批发市场。

如果企业想上IPO（首次公开募股），想做大，在资本市场值钱，那么企业的主产品应该是土豆深加工冷链类产品。企业的优势在于拥有含硒量极高的土豆产品。企业为当地的龙头企业，当地重点扶植企业。但某某食品的主产品销售额没有完全发展出来，根据推算，光做主产品，企业一年可以做50亿元的市值。如果3条战线同时进攻，面对的是3类客户群体，相当于开了3家公司，直接导致库存增加、产品的原材料增加、成本增加，资金量占有量变大。

如果让所有业务员只卖一类产品，只卖给一类客户，天天研究它，业务员就会成为行业的佼佼者。通过沟通、调整，企业以土豆深加工冷链类产品为龙头产品，然后慢慢弱化另外两类产品，单独成立公司，独立核算，让员工内部创业，直接由公司控股，因为面对的客户都是餐饮连锁和食品公司，这是纵向延长产品链，而不是横向拉长产品链。

仅仅这一款产品，其一年的生产销售就能达到50亿元的规模。因为都是面对同一类客户，之前的产品是土豆泥，后续增加了土豆的其他产品，也就是做同一客户的不同产品，即使做的产品规格多，也都是同一类客户。

模世能为某某食品设计商业模式，解决了它的困惑，让某某食品离不开模世能。

最早的时候，大家并不知道微店是什么，开一家微店容易，但盈利模式却让创业者很苦恼，因为虽然微信有庞大的潜在客户，但这些潜在客户可以去当当、京东购买，为什么一定要来新开的微店呢？

创业者最终决定，对自己的产品进行定位，他要卖当当、京东都没有的书，并且全部是学习图书，于是他将书店名字定为"技能书店"。书店专门组合一些学习套装、技术套装的类别，为更多考研、专升本的人做好套装准备。为了考取某个学校买书却不方便，技能书店专门帮顾客做好套装，顾客直接付款即可，帮顾客节约了大量的时间。通过这样便利的服务，技能书店迅速在考生中形成口碑，成为考生心中的最佳书店。

·经典案例· 新东方如何设计需求产品模式

新东方最早是从做培训班开始的，为英语学习者考级做培训，为出国留学的人培训。当时的培训班在北京有几百家，而且老师都是出自各类优质大学的，同时还有专业学校的，例如北外。那么这个时候学生的核心需求是什么呢？

俞敏洪也发现了这个问题，既然大家教学的质量上不一定有很大的差别，那么如何让学生满意，如何吸引学生呢？他发现在理想和现实之间的极大反差，让很多学生感到特别迷茫，而学生们更需要一些人生哲学。

俞敏洪除了在讲课方面专业能力强以外，还制造出一种校园氛围，用幽默的方式给学生们传递人生哲学。他经常谈自己的经历和切身体会，因此满足了学生的核心需求，使得新东方在学生群体中的口碑越来越好。正是这样积极向上的企业精神，让新东方越做越大。

2. 解决客户精准的痛点，找到合适渠道

设计需求产品模式，企业需要把握3个关键点，即精准、痛点、通道。

（1）是精准刚需，主产品只有一个。

精准的背后就是聚焦，在给客户解决需求的时候，不是把所有客户的所有问题都解决，而是解决里面有刚需的那一个。其实企业并不是任何产品都可以做好的，即使都做得好，也只能推出一个主产品，因为消费者的需求是有排序的。

（2）无论显性还是隐性，抓住的才是痛点。

客户的痛点分显性和隐性。显性痛点是指别人不能解决、你的企业能解决的问题，这是产品存在的价值和意义。隐性痛点是指客户的隐性需求，一般不被别人所知，未被发现，甚至是消费者自己都不知道的需求，但又实际存在。最容易的是解决相同客户的相同需求，很多企业都在解决，所以产品同质化严重，而企业要做的，是寻找并解决同类客户没能被解决的需求，不管是显性的还是隐性的。

（3）合适的渠道，第三方通道。

企业怎么找到客户显性或隐性需求，找到痛点呢？通过第三方来寻找是最智慧的通道。

阅读思考

（1）你的企业满足精准客户核心需求的产品是什么？
（2）在以往寻找需求产品的过程中，你都犯过哪些错？
（3）你从事的是什么行业？请说出你能想到的5种满足客户核心需求的产品。

20
第二十章

**不仅能为客户提供A，
　　还能给他A⁺和A⁺⁺**

方案产品模式，是指根据精准客户的核心需求和困惑，为做出一个能真正满足和解决其核心需求和困惑的产品，而制订的一个产品研发、制造、服务的方案。

1. 吃着碗里，看着锅里，想着地里

企业怎么确定自己的方案产品模式呢？产品不能有了一代没有下一代，做产品的人一定要有"吃着碗里，看着锅里，想着地里"的思路。这是每个成功人士都有的体验，昨日的成就，今日的机遇，明日的梦想，对企业来说，过去的产品再厉害也已经是旧爱了。

做产品不能做单独的产品，而应做系列的指导方案，用一套组合拳来设计。人们到饭店吃饭，不只要吃饱，还要吃得卫生、新鲜、安全，甚至有尊严等。只有对饭店的要求更高，才能满足客户的核心需求。

第二十章　不仅能为客户提供 A，还能给他 A^+ 和 A^{++} 153

张雷点醒

对于中小企业来说，不建议花大量的钱成立研发部，因为研发是国有企业或者行业老大做的事情，中小型企业做的是复制、学习，或者借鉴，最后演变成自己的产品，当然这里面一定要特别注意知识产权的问题，复制和学习绝对不等同于不劳而获地抄袭。当企业的渠道做好了，当商业模式处于优先位置，产品的包装只要属于中上等，产品的质量属于中等即可，中小企业最大的工作重心在商业模式、渠道、市场上，而不是把精力花在研发上。

·经典案例·　步步高如何做自己的方案产品模式

步步高是做小家电起家的，其早期的产品主要有复读机、VCD，随着科技的发展，其难以突破这样的瓶颈，于是开始策划一个品牌A，将液晶电视、等离子电视、数码、手机等都放在这个A品牌之下。

随着MP3的价格战开始，步步高难以挖掘到新的高附加值，价格一直上不来，在这样的转型期，步步高提前预知了将来低端产品的艰难生存状态，它从单一品牌向综合品牌发展，从家电产品向数码产品发展，赋予产品更高的价值。

从世界的维度和战略高度上来看新品牌，A品牌一直致力于线下网点的布局，从2014年的14万家销售网点，到2015年的20万家，再到2016年的25万家，短时间内获得迅猛发展，成为智能手机市场的一匹黑马。

2016年卖出了7840万台手机，成为中国智能手机销售冠军。作为高端产品，智能手机需要不断升级，例如有突出拍照功能的手机，具有极致美颜的功能，让手机获得比照相机更多的功能，并且拍照技术不断提升。

这个A产品的名称是OPPO。

在模世能的方案产品模式中,中小型企业商业模式转换系列的解决方案,课程的系列解决方案,通过模式商学院的五门课程——定制方案、产品密码、资本之道、互联网、战略规划,让参与课程的企业获得商业模式转换系列方案,为了解决企业的核心问题,又提出系列的解决方案——咨询。所以,模世能制定了从培训、咨询、资源整合到资本运作这一系列的方案。

·经典案例· 海尔是如何做自己的方案产品模式

海尔起初是一家青岛电冰箱厂。张瑞敏去的时候,企业处于严重亏损状态,产品积压严重,工人们人心惶惶,完全不知所措,是他借钱让职工过了一个年。下一步是让企业正常运作,张瑞敏敏锐地发现了产品存在的质量问题,这个时候,让海尔人觉醒的"砸冰箱"事件出现了。

质量优质的海尔冰箱被市场接受,并出现了抢购现象。但张瑞敏并不止于此,他觉得这才是海尔重新起航的开始,他分析目前冰箱市场,制订了海尔未来发展的品牌战略。他严格要求海尔的各项指标,这是海尔向国际市场进发的基础,正是凭借这个基础,海尔在世界卫生组织的招标中中了第一标,这个胜利是在国际诸多品牌中获得的。

质量是企业的生产线,在得到市场认可的同时,还需要行业认可,在国家第一次冰箱评比中,海尔冰箱独占鳌头,这奠定了海尔冰箱行业领头羊的地位。海尔开始面向全球发售冰箱,这是海尔人走出的第一步,也是中国家电全球化品牌战略的第一步。

达到行业顶峰的时候,海尔开始制订标准,积极参与国家标准以及国际标准的制订,且自主创新的技术也得到了国际行业的认可。海尔成了参与制订国际标准、国家标准、行业标准最多的家电企业。

第二十章　不仅能为客户提供A，还能给他A$^+$和A^{++}　　155

在信息时代来临之际，海尔提前完成了信息化流程的再造，打造卓越运营的适合海尔的商业模式，满足了全球家电用户的需求。

·经典案例·　乔布斯如何设计苹果的方案产品模式

乔布斯是苹果公司的灵魂人物，他用一个又一个的方案将苹果带上了高速发展的轨道。乔布斯是一个非常有才华的人，有人说乔布斯的设计中有一些印度及东方神秘宗教中的悟"空"理论，加上他对艺术与书法的学习，才有了苹果的各种设计方案。

乔布斯创建的苹果电脑公司在获得第一笔订单后，公司开始起航了，到20世纪80年代苹果公司上市，乔布斯成为亿万富翁。由于大量的研发经费支出，IBM个人电脑的推出，以及乔布斯经营理念与多数管理者不和，乔布斯被排挤出董事会，没多久就辞职了。

乔布斯离职后，收购了电脑动画工作室，这是一家优秀的3D电脑动画公司，《玩具总动员》的成功让乔布斯的身价得到很大提升。恰好苹果公司经营出现困局，乔布斯凯旋归来，砍掉了众多不合理的研发。他研发的新产品iMac大卖，帮助苹果公司渡过危机。

乔布斯想到了下一个产品，在MP3浪潮的年代，乔布斯适时地推出了iPod播放器，引领了这次浪潮。同时开发了音乐软件iTunes，与iPod形成软件和硬件的融合。短短3年的时间，iPod和iTunes的销量为苹果公司创收100亿元，iTunes成为全球最大的在线音乐商店。

当预见到手机将是未来趋势的时候，乔布斯开始设计iPhone手机，无键盘和触摸屏界面让iPhone手机引发世界性的购买潮流，开售的当天就有几十万台的销售数量，完全动了手机厂商垒起来的"蛋糕"，苹果手机系列开始引领时尚潮流了。

之后，乔布斯设计iPad电脑，开启平板电脑时代，超长时间待机，无线上网随心连，App Store中的软件在平板电脑上运行效果更强。不到3个月的时间，平板电脑销量就达到了300万部，成为苹果公司持续销售的突出产品。

2. 适合自己的，才是最好的

设计方案产品模式，企业需要把握3个关键点，即系统设计、分步开发、符合自己。

（1）产品的系统设计，自上而下。

产品的系统设计是帮公司的产品自上而下设计，而不是自下而上设计。

（2）不同的阶段做不同的事情。

企业的产品系统设计好后，要根据企业发展的不同阶段分步开发，这样企业才能更好地为客户解决困惑、满足客户需求，企业自然就能稳步发展和提升。

（3）吸收整理，找到符合自己的方案。

系统设计自己的产品，找到开发的步骤，自然就转换成符合自己企业的方案。产品要不断创新，找到创新的地方学习、提升，最终找到适合自己的方案。

在模世能，笔者对商业模式钻研了将近20年，包括在外企的经验，自己干企业的经验，还经常前往美国的硅谷、斯坦福大学、哈佛大学，以及以色列、德国等国家、地区和机构调研。这是跨国界的借鉴，用大学教授讲的知识，结合实际的情况，让企业家能听得懂。这样一来就节省了大量研究的时间，通过讲课来帮助大家，成交培训订单，企业家主动上门，使模世能的合伙人越来越多。

第二十章　不仅能为客户提供 A，还能给他 A$^+$和 A^{++}

阅读思考

（1）如何开发出符合自己企业的系统产品方案？

（2）在以往设计升级产品的时候，你都犯过哪些错？

（3）你从事的是什么行业？请说出你能想到的5种前沿产品。

21
第二十一章

用漏斗层级方式分类

类别产品模式，是指对公司的产品进行分层设计，有层次感，让客户不知不觉地消费产品的商业模式。

1. 万般皆下品，唯有入口高

漏斗产品即类别产品。每一个老板都应该思考，企业的产品是入口吗？企业离入口有多远？其实企业离入口有多远，产品离顾客就有多远。为什么企业的产品很好，偏偏卖不掉；别人的产品一般，一年却能做几十亿的规模，主要是因为企业没有找到入口。正所谓"万般皆下品，唯有入口高"。

> **张雷点醒**
>
> 一家企业一定要有入口产品，这是打开市场的关键。通过入口产品，让客户不知不觉地消费产品。

如果企业没有客户，说明企业的类别产品设计出了问题。举一个例子，硅藻泥涂料厂销售涂料，通过装修公司来引流，以一个DIY（自己动手制作）的背景墙为主产品。但硅藻涂料厂不能设计整体装修方案，因为它跟装修公司是竞争关系，相当于把装修公司的生意给抢了，涂料厂产品的入口是装修公司。

集成墙面装修材料公司要想抢占入口，肯定要找几个设计师，免费设计装修风格图纸，可以给有装修需求的客户做一个用集成式整体装修的设计方案。这种方式比传统的装修提前一半的时间，装修后20年内不会坏，价格跟传统装修差不多。如果再赠送一个电视背景墙，提高了成交的成功率，让客户不知不觉地进入并消费我们的产品。

· 经典案例 · 腾讯如何设计自己的入口产品

在日常生活中，我们经常会用到QQ，它是免费的，特别好用，我们都离不开它，打开电脑第一步可能就是登录QQ。在游戏平台大行其道的时候，腾讯还是以QQ为主产品，而QQ的受众多是年轻人，有一天QQ对话框弹出一个拉人进入游戏的页面的时候，他们才知道QQ竟然也有游戏平台。玩了一次后，顾客发现，如果腾讯有这样的游戏平台，还要其他游戏平台干吗，不仅能够玩得好，还可以跟好友一起玩。

腾讯的产品QQ就是入口产品。畅聊是其最基本的功能，在这个基础上，还有游戏中心，简单安装就可以跟好友畅玩。目前腾讯是中国游戏市场最大的玩家，其中一款游戏已经覆盖从小学生到大学生，甚至中年人，各大报纸都对它有过评价，多数都是负面的，不过这阻挡不了人们玩游戏的乐趣，它就是《王者荣耀》。

腾讯还有另一款类别产品是微信，许多人说微信的出现是为了制约微博，我们从京东容许腾讯入股可以看出其影响力。京东模式的成功，让腾讯看到了网购的未来，可是光有入口还不够，拍拍网并没有成长起来，因为在顾客的心中，网购还是京东和淘宝，而淘宝的背后是巨无霸阿里巴巴。微信的巨大流量以及微商的兴起，让京东看到了微信的作用，最终腾讯入股京东，占据15%的股份，这是入口产品最大的作用。

类别产品跟超市类似。顾客进入超市，会看到各种类别的产品，即使遇到最挑剔的人，也总有一种产品会购买的，超市里面即便没有一款产品让你有购买的欲望，那么超市附近的店铺也有适合你的产品。顾客从一家超市出来，发现超市门口有几个超市里的员工正在卖新鲜的蔬菜，好几个人都在购买，价格跟超市里的一样，这种情形有点像顾客没有购买到适合的东西的时候，突然给你一个后悔的机会，让你再次兴起购物的欲望。这属于漏斗产品中最后一个点，总有适合你的产品。

淘宝同样如此，免费阅览、关键词搜索、同类产品陈列，进入店铺后，突然发现有很多自己喜欢的东西，不知不觉地放入购物车，结算时虽然会去掉一些，但最终会发现，比本来想要购买的多出不少。

万达广场也是类别产品。首先顶层和次顶层都是餐饮，入驻的必须是优质的连锁餐饮店或者特别的食品店，次顶层或者再下一层是婴幼儿商品或者活动产品店面，第一层、第二层都是服装、居家等方面的店面。一般来说，餐饮和幼儿产品都是入口产品，而万达广场也是一个入口，所以这是两个入口的结合，或者说是N个入口的结合、是漏斗的重叠。

2. 产品必须是上游形态

占领入口的要求是产品必须是上游形态。如果不是上游形态，企业没办法抢占入口，便难以维持，或者只能吃别人剩下的。上游形态有6种，分别是垄断形态、咨询形态、社交形态、解决方案形态、管家婆形态、护航形态。

（1）垄断形态，从我这里采购。

所有的产品必须要从我这里采购和经过，这就是垄断。

（2）咨询形态，从我这里找第三方。

例如模世能是整个企业发展的顾问，找银行贷款就得找模世能咨询，模世能给企业介绍一家银行，例如农业银行，企业找农业银行，模世能负责；企业找其他银行，模世能不负责，最后企业和银行都需要它。这就是上游的咨询形态。

（3）社交形态，从我这里获取推送入口。

苹果手机是社交工具，它占领了入口，它随便推送一个产品，就能对市场产生很大的作用。微信也是社交形态，同样占领了入口。

（4）解决方案形态，从这里全解决。

有一家做打印机、复印机的企业，参加完模世能的课程后，再也不卖打印机、复印机了，直接卖办公自动化一站式解决方案，打印机、复印机是哪个厂家的没关系，企业只管用就好，后续的维护解决方案全部解决。

（5）管家婆形态，整合资源。

未来装修公司入口是管家婆形态，做一个装修管家婆平台，整合所有资源，接了单子给所有装修公司做，所有的装修产品都在这个平台上，那么平台就是入口。

（6）护航形态，漏斗中的漏斗。

例如模世能本身就是上游咨询形态，模世能在咨询中又做了一个入口：漏斗。其有以下5个类别产品。

第一个类别产品是快速盈利研讨会课程。模世能有一个免费的快速盈利沙龙，4天3夜的课程只要2980元。很多老板走的时候说，觉得第一天听了一个小时，就值2980元了，剩下的时间都不好意思听了，所以后面的课程算是免费了，那么这个商业模式转换快速盈利的课程就是入口。

第二个类别产品是把所有的课程都变成入口。如果没有快速盈利研讨会课程，企业家肯定不会花5万元来上模式商学院课程，模世能把下面的课程都安排好了，即模式商学院。商业模式转换定制方案、商业模式转换产品密码、资本之道、互联网+顶层设计等课程，让企业家学一辈子，将一部分企业家慢慢地培养起来，还可以复训。

第三个类别产品是课程升级与复训。通过课程的升级，让企业家再次参加企业的培训，升级的课程不仅增加了客户的黏性，而且能够让企业家的商业模式思维提高，一直保持在商业模式的最前沿，这样可以让模世能在商业模式的领域一直伫立于最高点。

第四个类别产品是咨询孵化。很多企业家听课后，是冲着做咨询来的，但是模世能并不急于给企业做咨询，而是根据企业所处的不同状态做咨询，如果不太适合的，就先不做咨询。企业家可以先把课程学好，运用到自己的企业中，等到企业达到适合的状态，再做咨询孵化。

第五个类别产品是资本运作。最大的商业模式是整合并购，这个时候就是引入资本的时候，模世能有资金池，可以对优秀的商业模式企业进行投资，以便自己一直处在时代周期中。

以上5个类别产品又表现在5个层面上：第一个层面是站在产品的层面上设计产品，第二个层面是站在企业的层面上设计产品，第三个层面是站在行业的层面上设计产品，第四个层面是站在商业的层面上设计产品，第五个层面是站在周期的层面上设计产品。当企业家看到这些入口的时候，肯定会来模式商学院上课的。

所有的培训结果是企业业绩提升。模世能的商业模式让企业真正的业绩翻上N番。

3. 要物超所值，同时遥相呼应

设计类别产品模式，企业需要把握3个关键点，即入口产品的门槛一定要低、入口产品一定要物超所值、中高级产品一定要相互呼应。

（1）入口产品第一要求，门槛低。

例如，某某面皮店，别人都卖15元，它卖5元，看起来相当于免费了，但把其他饮料的消费都拉动了起来。

（2）入口产品第二要求，物超所值。

顾客品尝产品后，瞬间想"尖叫"，太值了。在产品的角度上，模世能的快速盈利课程是入口，让企业家"尖叫"，企业家上完模式商学院，会感觉物超所值。用5万元听这么系统的课程，在外边花50万元都听不到如此有价值的，并且3个月一小升级、半年一中升级，每年都是全新内容。

（3）产品要相互呼应，形成漏斗。

在产品的层面上，模世能的入口是产品快速盈利课程，跟模式商学院的其他课程是相互呼应的。

阅读思考

（1）如何让自己的产品变成上游形态，成为入口？

（2）在以往做入口产品的时候，你都犯过哪些错？

（3）你从事的是什么行业？请说出你能想到的5种入口产品。

第二十二章 22

聚焦核心产品,让品种数做减法

聚焦产品模式，是指企业做产品一定要有取舍，少就是多、多就是少的商业模式。

1. 做企业不是做加法，而是做减法

真正大成者的人生不是做加法，而是做减法。做产品也是一样，换句话说，模世能本身就是一种产品、一种商业模式转换研讨会课程，这种产品导致生产成本降低。下面笔者以一个做骨料汤的企业为例，看这家企业是如何做聚焦产品的。

· 经典案例 · 骨料汤企业如何设计聚焦产品模式

在走进模世能做咨询的时候，这家企业已做到了8000多万元的销售额，后在模世能辅导不到两年的时间内，已做到将近10亿元的销售额。当时，该企业有300多款产品，最后只剩下7款产品，而这个老板也成为"骨料汤界的乔布斯"。

这家企业本来是做骨料汤的，给饭店、食品加工厂做火锅汤料，企业

希望自己的产品满足全国的男女老少，只要需要骨料汤的通通都做。走进企业调查发现，其实80%的销售额来自20%的产品，80%的销售额产生了20%的利润。分析所有这些报表数据，让老板切实知道，一个公司做8000多万元的销售额，每年亏钱到底亏在哪里。其实，企业的精准客户是中上等的火锅店，而国内中上等的火锅店在全国有十几万家。骨料汤每年有150多亿元规模，企业只要做到20%的市场，就有30亿元的规模；甚至10%的市场，也可以做到15亿元的规模。其实，只要做到专业，自然就能做到这10%的市场。

中高端火锅店每年还以20%的速度在递增，企业的销售额自然也在递增。但是，企业之前的定位是做国内最大的汤料生产企业，为各类餐饮及肉类加工企业彻底解决骨料汤的标准化、味道化，革命性地降低客户的人力、物力，但企业自己却亏钱。

通过细分市场可以看到，如果全国中高端火锅店是6.6万家，那么聚焦20%，中型火锅店就有1.32万家，企业就可以做13.2亿元的市场规模，每年筛选覆盖目标为10%，即1320家中型火锅店的1.32亿元规模。通过再次细分目标市场，实现20%的增长率就可以增加2640万元，企业的数据被调整后，除非企业的财务不规范，否则可以看到明显地增长。

企业通过对细分市场量化实现对目标市场的聚焦，明确企业未来的走向——做单品极致化的产品，最终企业通过与咨询老师一再讨论，结合企业自身的情况，选择了一个产品极致化策略。从全覆盖化策略到产品极致化策略，先从300款产品减到18款产品，再聚焦到7款产品，最终剩下1款。1款产品做12亿元的规模，300多款产品做8000多万元的规模，这样企业只需生产几款骨料汤，可以更简单地生产，标准化、针对性地训练员工，企业专做中高端火锅骨汤调料30年，一心只为火锅味道做助推。

前面章节讲过，在乔布斯从苹果公司离职后，苹果公司做了很多种产品，并没有做一个突出的主产品，而是选择各类产品齐头并进，与市场上的其他产品并没有太大区别，业绩并不如意，甚至越来越差。

乔布斯再次入主苹果后，将其中多数产品开发暂停，将主产品iMac电脑设计得标新立异，受到了顾客的欢迎，并且在其入主当年年底获得了两个比较重要的奖项，这让主产品更富沉淀感，同时也让苹果公司成功做了减法。

像苹果这样的上市企业还在做减法，那么中小型企业更加要注重做减法了。因为中小型企业并没有大量的资源，员工有限，技术不够顶尖，资金不充足，只能一点一点地做，不需要多元化发展。如果每一个产品线都做，那么企业的销售人员及渠道精力将会分散，最终企业的盈利就会降低。

企业发展到一定规模，就会有各种各样的诱惑。企业的掌舵人遇到这样的情况，难免会冲动地将一些自己并不熟悉、并没有做过的产品纳入企业规划中来，企业的规模会越来越大，人员也会越来越多，很容易出现不盈利的现象，甚至会到弃之可惜、食之无味的程度。

有些项目事实上是被公司拖着走，前景虽然不错，但公司的人力和物力并不能稳定满足。资源满足的时候，往往时机过了，做起来只会严重拖公司的后腿，多数企业的老板都拿不定主意，或者为了企业的蝇头小利而浪费企业的发展机遇。

其实，这个时候企业应该要学会做减法，需要下定决心，砍掉不相关、不赚钱、企业不熟悉的项目，让企业甩掉累赘，更加精干，在自己的领域精耕细作。这样产品才能成为突出产品，影响力才能越来越大。做减法，就是要做专业、做精品。

2. 凸显主产品功能

设计聚焦产品模式，企业需要把握3个关键点，即品种、规格、功能聚焦。

（1）品种。

企业到底应该做什么品类，这个品类是从客户刚需以及市场的反馈中选择。例如20%的产品获得80%的利益，这样的产品就需要被重点考虑。

（2）规格。

企业的规格不是随意制订的，而是需要符合市场、企业的规格。

（3）功能聚焦。

一个产品在功能上应凸显出一个主功能，如马家姐妹面皮的主功能是"妈妈制作的味道"，这就是功能聚焦。

企业在宣传功能的时候，只能宣传主产品。例如，企业宣传面皮，不代表它没有米饭、饮料，但这些不能做主宣传，只能顺带宣传。模世能只宣传模世能是做商业模式的，顺便做咨询、做基金、做融资，但前端不能全部宣传，一定要让消费者心中有明确的认知——模世能就是商业模式的代名词，商业模式就是模世能，学商业模式就要找模世能。

阅读思考

（1）如何从多层分散经营做到逐层聚焦经营？
（2）在以往做减法的时候，你都犯过哪些错？
（3）你从事的是什么行业？请说出你能想到的5种核心产品。

23
第二十三章

用增值的思路为产品升级

增值产品模式，是指在不影响产品主功能的情况下，增加其他新功能，增加产品的附加价值，方便顾客使用，提高顾客对产品的依赖度的商业模式。

1. 增加附加值，但只宣传主要的

手机是增值产品，在不影响打电话功能的前提下，很多功能都有推陈出新，例如出门不用带照相机、MP3、导航、手电筒，等等，一部手机颠覆了很多行业。

现代都市人越来越离不开手机，因为手机的产品附加值做得特别突出，这就是增值产品的优势。增值产品跟聚焦产品是不冲突的，增值是在不影响主功能的情况下，凸显主功能并提升产品的附加价值，但对外只宣传主功能。

在社交工具中，手机是其一个载体。同样，在商业领域里，只有商业模式是商业的载体，所以在商业模式的基础上可以加很多辅助的功能，最后企业家对商业模式再也离不开了，掌握了商业模式，其他的也懂了，就像现在的人带台照相机还觉得不方便，远不如手机好用。

诚宇包装在包装盒产品中增加了保鲜的功能，区别于以往只能打包的功能，增加产品的附加值，方便顾客的使用。目前已有不少忠实顾客提出了很多对于包装盒的新要求，这给企业的产品研发带来了新的启迪。

第二十三章　用增值的思路为产品升级

张雷点醒

增值产品是在不影响产品功能的情况下而增加附加值，在关注产品主功能的同时，增值产品有其突出的地位，也同样满足了客户的需求，增加了产品的多元化。

·经典案例· 手机如何设计自己的增值产品模式

OPPO手机突出美颜拍照功能，强调它不仅是一个通话的主要工具，还是一个优质的照相设备。在拍照方面，不仅具有美颜效果，而且不惧怕逆光，具有专业模式、超清画面等，用户只需轻轻一按，就可以变身为摄影高手，在朋友圈成为摄影达人。

以此功能用作宣传，用OPPO手机的男生可以成为"会拍照的男朋友"（"会拍照的男朋友"主要是针对朋友圈来说的，如果男生会拍照的话，会让女生特别高兴，容易得到女生的夸奖）。另外，现在人们经常换手机的主要原因是新手机增加了很多附加值，例如计步器，跑步的时候会产生步数的功能，甚至有的手机还具有了投影仪、血压计、心率监测器等功能，这些功能会让人们更加离不开手机。

现在的电饭锅也越来越先进了，附加值越来越强。电饭锅的主要功能是煮饭，之后就产生了快速煮饭、保温、定时、炖汤、煮粥、做蛋糕、制作米酒等功能，越来越智能，一锅多用的电饭锅更加受到市场的认可，因为将来厨房的空间会越来越小，如果功能越多，那么厨房会更加干净、整洁。

现代社会的快节奏以及人们的活动空间越来越小，多功能的实用性产品会受到人们更多地青睐。例如多功能俯卧撑轮，便于携带，很适合在家里放置，不需要占用多少空间，既可以做俯卧撑，还可以锻炼腹部肌肉。

羽绒毯一般适合在冬季或者春季销售，夏季很少有人会购买。这个时候有企业恰恰瞄准了夏季羽绒毯的市场，用适合的材质和面料让羽绒毯的透气性更好，在透气和保暖之间达到一定的平衡，最终对准了夏季感冒与空调环境相关的营销点，成功推出关爱夏凉用品的羽绒空调披毯，创造了羽绒毯新的市场和功能。

我们再说一个非常强大的软件——PPT，很多人经常会用PPT做项目书，有些人用了PPT之后就不会用PS软件了，因为PPT已有一些功能达到PS的效果，甚至无须用QQ或者其他截图软件，因为PPT就自带图标图片、多图排版、抠图、窗格、截图、录制音频等多种功能。

在很久以前，打印机、复印机、扫描仪、传真机都是各自独立存在的，现在有了彩色激光多功能的一体机，打印、复印、扫描、传真一起解决了。

2. 按需添加功能

设计增值产品模式，企业需要把握3个关键点，即大部分人需要的功能、不能影响产品的主功能、不能增加太多成本。

（1）添加的功能被多数人所接受。

产品增加功能一定要有大部分客户需要的功能。

（2）注意主次之分。

产品添加的功能不能影响产品的主功能，即不能本末倒置。

（3）成本低是王道。

添加的功能属于锦上添花，不能增加太多成本，不然就不值当了。

无论是电饭锅还是手机,都没有过多地增加成本,反而因为是多功能让顾客爱不释手。每当要炒菜和走路的时候,都会使用电饭锅和手机,这并没有影响它们的主要功能——做饭或者打电话。

阅 读 思 考

(1)如何从经营产品到经营价值?
(2)在以往增值产品设计的时候,你都犯过哪些错?
(3)你从事的是什么行业?请说出你能想到的5种增值产品。

24
第二十四章

别家的产品也能为你所用

交换产品模式，是指用企业拥有的产品资源和互补企业交换产品资源，迅速实现企业资源的变现，更好地提升业绩或者达到企业目的的商业模式。

很多时候，企业的产品除了变现资金外，还可以交换，企业通过交换可以达到资源的变现，让原本很难完成的跃迁在简单的交换中变得触手可及。

1. 交换产品资源，别人的也是自己的

商业的本源就是交换。从前，生产资源由人力产生，当人们进行交换的时候，还没有货币媒介，属于物与物的交换，之后为了交换、交流、流通的方便，产生了货币，货币只是促使大家交易的一个媒介。

在美国、澳大利亚等国家，居民的消费理念是比较超前的，美国有2亿多人口，2万多个高尔夫球场；中国有近14亿人口，才4000多个高尔夫球场。发达国家的居民周末多数在消费，即使没有存款，仍然透支消费。在中国，企业的现金都在生意上，企业没钱，并且都缺钱。如果把每个人名下的资产都变成固定资产，再将固定资产变成现金，大家还从银行贷款几千万元，提前用于支付消费，大家疯狂消费，经济才会一片繁荣。

这背后的玄机是交换。货币就是一种交换的媒介，我们去消费别人的产品，

别人也才能消费我们的。老板们的生意不好，别去怪别人，要怪只怪自己，因为你没有把自己的东西消费完，不去享受别人的服务，别人怎么享受你的服务，这就是产品交换。

交换分为有形交换、无形交换、货币交换。有形交换是指实物交换，无形交换是指客户资源的交换，货币交换是银行模式。举一个例子，赵总在深圳有一些民间企业家协会的关系，这个关系是赵总的，他可能一辈子都没有用一次，但是大家都知道赵总有民间企业家协会的关系，这便是一个无形的资源。

赵总跟李总吃饭时，说他有一个特别铁的姐妹在民间企业家协会做秘书长，以后要找什么资源跟他说一声就可以了。有一天，李总确实需要一类企业家的资源，跟赵总打电话沟通，他就帮忙介绍李总跟他那个姐妹认识了，最后李总找到了几家企业合作。而后，李总跟杨总说他在深圳有民间企业家协会的关系，以后遇到企业资源上的事情，可以帮忙。没多久，杨总也遇到了事情，赵总那个姐妹也给解决了，之后他便也跟关系不错的朋友说，他在深圳有民间企业家协会的关系，有问题找他解决。

赵总一辈子没有用一次，这个关系跟他没关系，因为为我们所用，关系给我们带来快乐，没有给赵总带来快乐的关系都不是赵总的。例如，我们把钱放在银行里，但它一直未为我们所用，即使拥有再多的房子、别墅、商铺等，如果这些没有为你带来快乐，都不是你的，都是国家的。

所以，无论什么资源，用了才是自己的。企业的产品资源同样也是如此，在企业产品交换中，合理利用交换，企业才能获得更大利益。

·经典案例· **果汁厂如何设计交换产品模式**

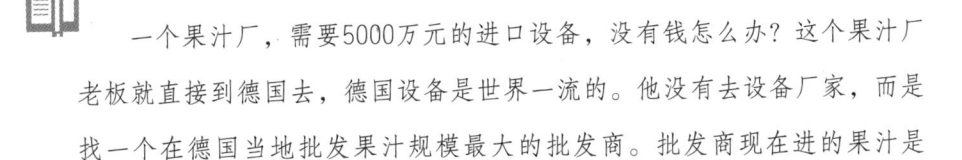

一个果汁厂，需要5000万元的进口设备，没有钱怎么办？这个果汁厂老板就直接到德国去，德国设备是世界一流的。他没有去设备厂家，而是找一个在德国当地批发果汁规模最大的批发商。批发商现在进的果汁是

100欧元，中国果汁厂把果汁送到德国只要60欧元，让批发商在德国独家经销。德国的果汁批发商点头同意，但因地域相距太远，他有些担忧。

德国批发商表示，中国的设备没有德国的设备好。果汁厂的老板就开始谈判，表示如果可以用德国最好工厂的先进设备，用德国的流水线生产果汁，让德国果汁商来监工，而且是独家销售，只卖60欧元。当即，德国批发商同意签一个意向合作协议。在德国批发商对未来憧憬的时候，果汁厂的老板说出了自己的麻烦，现在德国的这家设备厂要求必须付现金才给发货。现在有一种办法，必须要找一个德国本地的企业做担保，你是我的合作伙伴，是德国最大的代理商，用未来果汁的钱先付一部分定金给设备厂，你来给我做担保，我用中国的相关信用证做一个背书，或者中国相关的一些政府机关或者机构做一个背书，未来我给你供应果汁的时候，你支付的钱分批来还给这个设备厂。结果，经过德国果汁批发商的考察，发现这笔合作是非常靠谱的。

于是，果汁厂没有花一分钱购买设备，却拿到了世界上最先进的果汁生产线。这个时候，中国只要有好果汁的地方都会来这家果汁厂。这是产品交换，当两者不能交换的时候，可以插入一个环节——找第三方，再不行就找第四方或第五方，如果交换不成功，只能说明企业的资源还不够多，或者找的中间媒介还不够好。

2. 信用是根，吃亏是福

设计交换产品模式，企业需要把握3个方面，即信用、吃亏、资源。

（1）信用是破开坚冰的拳头。

作为交换的一方，我们要有一定的信用，如果没有信用，二者之间的冰是破不开的，别人没办法和你进行交换。

（2）吃亏就是占便宜。

交换的双方，谁都想多占别人便宜，高手却愿意吃亏，本来我可以交换给你10吨产品，但我只交换8吨产品。李嘉诚曾说过一句话，本来我可以赚60元，但只要赚50元，这就能成功。只要学会了吃亏，跟你合作的人会越来越多。假如你今天占了别人的便宜，本来会有10个人跟你合作，现在只有1个人和你合作，表面来看你赚钱了，其实跟你合作的人变少了。

张雷点醒

> 交换背后的关键点是学会吃亏。很多人的交换都是在算计别人，即使学了再多的商业模式或者法则，也没有人跟你交换，有句话说得好："有人跟你玩，你就是个人物，没有人跟你玩，你就是个动物。"

（3）产品交换的背后是资源的交换。

资源有多广，交换的环节就可以延长多长，交换到10个以上环节的时候，其实就可以自己形成一个生态圈，当交换到一定程度的时候，就会像马云、雷军一样打造自己的生态圈，自己形成了生态圈，可以在自身内部自给自足产生消费。企业最高的商业模式是打造自己的生态圈，很多老板没有做到最基本的一步，就想要打造一个平台，最后企业破产了，还有不少企业家想做整个互联网的大数据，最后倾家荡产，因为他们只看到了平台的表面，还不知道平台的背后要遵循的那些商业逻辑。

3. 企业遵循的商业逻辑——转型和升级

企业要遵循的商业模式是转型和升级。我们可以设定一个直角坐标，横坐标是转型，纵坐标是升级。很多人把转型当成转行，在原有的基础上换一种形式，其实不然。把原有的东西都用上，那就是转型了；如果原来的所有东西都用不上了，这才要转行，转行即换了一种业态。

转型是在整个产业链的环节上进行的，从一个环节转到另一个环节。通常情况下，如果企业的定位是卖半成品原料，做原料的企业想要转型，就是企业不能做原料了，因为做原料的企业一辈子也形成不了自己的品牌，所以它得做产品；如果企业之前是做产品的，因为各种原因不能做产品了，那么，企业一定要转型做渠道；如果企业是做渠道的渠道商，一定要转型做资本运作，既然企业能做渠道，就一定可以做资本运作，转型做产融结合。如果企业已经是做资本的，可以转型做平台。

升级是一步一步完成的，从不规范到规范，从供应链到产业链，等等。例如一个个体户，规范起来后成为正规的企业，这便是升级。如果再往上升级，企业就要做供应链，即升级为行业，之前是为企业解决问题，现在是为行业解决问题。供应链属于横向发展，如企业之前在某市开了一个店，升级为供应链后，就在全国的每一个市都开店。

举一个例子，一家做面皮的企业，它是有自己产业链的，小麦是自己种的，面粉是自己磨的，面皮是自己做的，把面皮做成真空包装的产品，既可以在店面第一时间使用，也可以在超市变成流通的产品，这就是产业链。做好产业链的第一步是先做好供应链，供应链属于横向发展。例如，在中国先开一千家面皮店，这样企业就有了对面粉的需求，这个时候再做一个小麦种植基地，产生的面粉就有了销量。如果没有做供应链，企业直接做了产业链，资金链很容易会断裂，继而倒闭。

· 经典案例 · 汽车美容装饰企业如何从产业链做到供应链

　　一家做汽车美容装饰的企业，欠高利贷200万元，在银行借了200万元，旗下有两个修理厂，一个汽车装饰店，还买了盖修理厂的土地。这个企业的死穴是直接做了产业链，而没有做供应链。我们建议，企业家把土地卖了，企业家觉得卖不掉，这就是他不会交换，交换的关键是吃亏，只要吃亏都能卖得掉，价值800万元的房子只要600万元肯定能卖掉，只有卖掉了，这600万元才能为你所用，企业就能活，如果30年以后以800万元的价格才卖掉，企业显然等不到那个时候。

　　后来，企业家想通了，把两块地和两家修理厂全部低价卖掉，先把高利贷还完，银行的钱先不要还，慢慢付利息即可，剩下几百万元的现金可以这么使用：修理厂卖给别人的时候，在修理厂里做一个企业的汽车装饰店，打上企业的LOGO，在另一个汽车修理厂再开一家汽车装饰店，跟这个城市的每一家修理厂合作，以不给房租且和修理厂直接分成的模式合作，直接在这里做专业汽车装饰连锁店。企业在这个城市开了20多家汽车装饰连锁店，成为这个城市汽车装饰行业的第一品牌。

　　模世能不去做产业链，在全国开了330个销售服务公司。在全球开了将近1000家公司，其实做的是供应链，之后升级做资本市场，等到模世能上市之后，再计划收购一些上下游公司。

4. 交换产品模式六大步骤

　　交换产品模式通过六大步骤来完成，即交换目标、必备资源、已有资源、缺少资源、在谁手上、如何交换。

(1) 交换目标。

企业要达成的目标，可以是要企业转型、升级成功，或者要成为行业第一，或者成为同品类销量第一。

(2) 必备资源。

企业达成目标需要具备哪些条件，把所有的要求列出来，例如需要商业模式，需要人，需要资本等。

(3) 已有资源。

企业已具备的资源，一一列举出来。

(4) 缺少资源。

企业需要具备的条件中排除已具备的资源，就是还缺少的资源，可以一一列举出来。

(5) 在谁手上。

寻找缺少的资源在谁手上。

(6) 如何交换。

怎么把缺少的资源交换过来。

·经典案例· 建筑行业如何设计自己的交换产品模式

假设有100家属于建筑产业链的企业，通过这100家企业可以把一个大楼建设到能直接使用的一步。我先跟建楼的企业约定，给企业5000万元

第二十四章 别家的产品也能为你所用

的订单,还送1.3平方千米的土地,只需要成为一个园区的会员,先交纳5万元会员费,如果做不到,全额退款。

和这100家企业全部签约,把会员费全部收齐,一共500万元。这个时候,我就到一个城市找市长,直接商谈合作,不从中间赚任何的差价,公开透明,也不要政府的相关费用,帮地方政府直接招一个100亿元的项目来市里投资,投不到100亿元我来承担责任。这个市长同意了,如果招一个100亿元的项目,政府拿1.3平方千米土地和你们交换100亿元的投资项目,划一个工业园给你们,我当场就签了合同,并且马上把500万元的定金打了过来,表示诚意。

市长让相关人员规划工业园,这个时候,我把100个会员叫过来,让他们分别用他们的公司立项,要求同时开工建,建设的时候,使每个企业都可以拿到相关的建设项目,这中间其实是一种交换。

每个企业都没有出钱,因为它的成本其实从别人那边赚回来了,等于你帮我做,我帮你做。大家都在做这件事情,形成了一个生态圈,把产业链的所有东西整合起来,内部就形成了自动的消费,这是交换。

我也通过交换获得了盈利。可以统一给这100家企业供暖、供水,做物业管理、做培训等不赚一次性的钱,而是赚一辈子的钱,由于让企业都获得了收入,所以还可以打包上市获得股份。所以商业的背后往往是一种交换。

如果在每个城市都做一个这样跟政府合作的项目,将会带动整个经济的发展,使每个人既是消费者又是服务者,让我们在这一点上相互交换。

一个发电厂需要5000万元的设备,没有钱怎么办?没钱可以用电跟它换,但发电站在合肥,发电设备厂家在上海,人家用不着这家发电厂的电,所以不能直接换。既然不能直接交换,在中间插上一个环节就可以了。通过合肥需要电这个产品的企业,拿这个企业的产品来与上海的设备厂进行交换。

5. 交换模式如何落地

令企业业绩倍增的方法有五环模式，其中第一环（即交换模式）包含五步，分别是互补企业、形成联盟、制定考核机制、形成利益共同体、制定进入退出机制。

（1）互补企业。

找到和你互补的20家以上的企业。互补企业是具有相同客户又不互相竞争的企业，例如做地板的企业，可以找一个做瓷砖的企业，找一个做涂料的企业，找一个做装修的企业，找一个做踢脚线的企业，找一个相关卖家具的企业，这都是互补企业。

（2）形成联盟。

和它形成战略联盟，企业跟这些企业进行真正的战略联盟。

（3）制定考核机制。

制定共同的目标和考核机制。知道大家的目标是什么，企业才能制定相关的考核机制。

（4）形成利益共同体。

相互联保，形成紧密的利益共同体。按照前文那个案例，100个建筑相关产业的企业就是建立了紧密的利益共同体。只要有一家接到订单，等于这100家都接到了订单，相当于不花1分钱请了100个业务员。现在20家联盟，只要有一家接了订单，就等于这20家都有订单了。

（5）制定进入退出机制。

首先，企业需要制定进入联盟的机制。其次，当业绩出现问题无法调节的时候，大家肯定不能在一起了，所以一定要有退出机制。

以上这五步让企业业绩倍增。一家超市，它的客户是普罗大众，很多企业的客户都是它的客户，考虑自身的关系，发现加油站的客户也是它的客户，最后跟中石油、中石化合作，在加油站开了连锁超市，利润直接与中石油、中石化分成。

做面皮的餐厅，可以同做西餐的、做牛肉的、做牛排的、做面条的等19家餐饮企业形成互补企业，20家企业互相推广，顾客吃来吃去都在这个圈子里，通过互补企业的优惠券等营销手段引流，产生"1+19"远大于20的效果。

阅 读 思 考

（1）你需要交换产品资源的对象是谁？
（2）在以往交换产品资源的时候，你都犯过哪些错？
（3）你从事的是什么行业？请说出你能想到的5种交换产品。

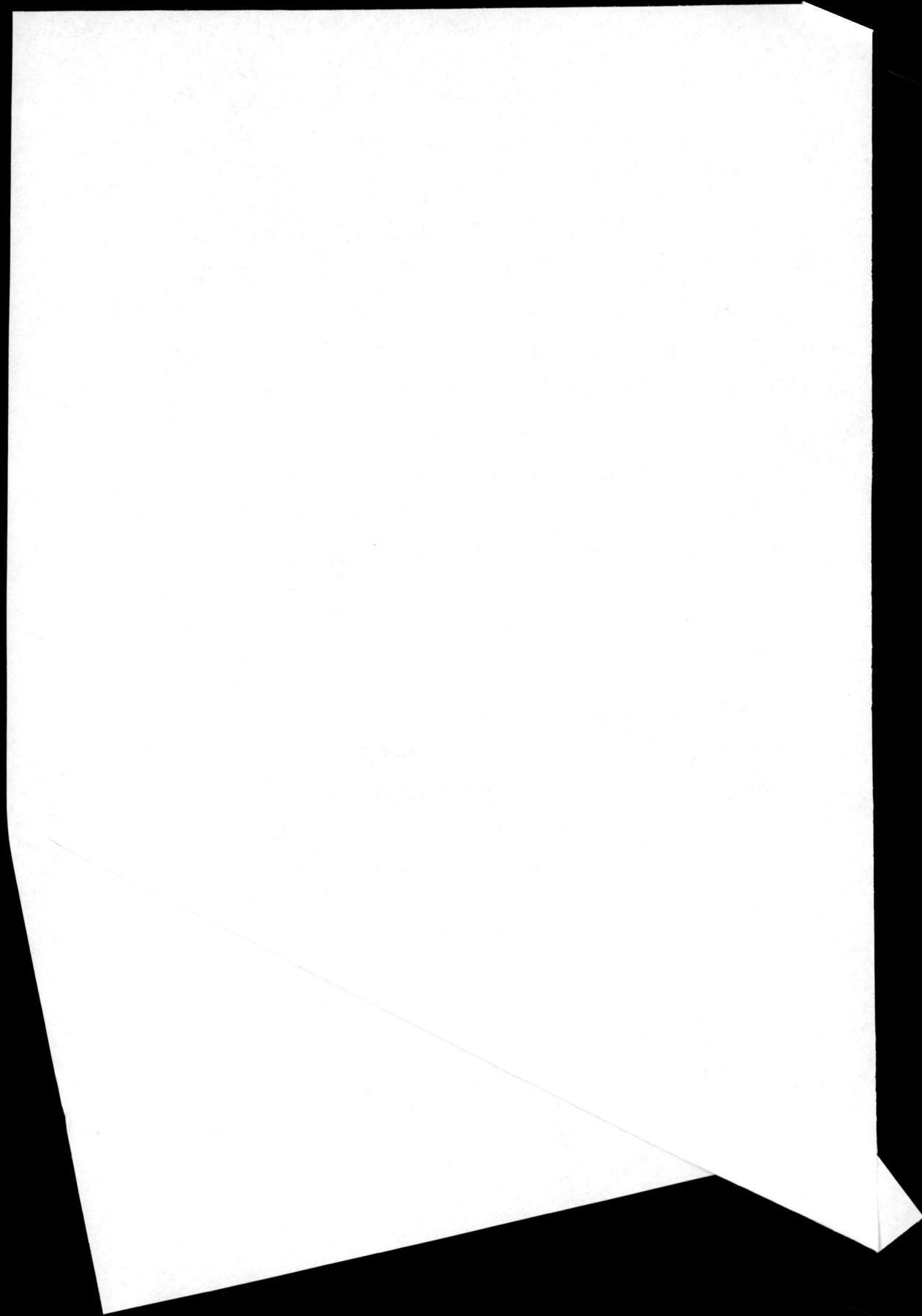

第三篇 团队需人和：
调动团队潜能的八种模式

※ 团队模式，是指两个或两个以上的人，围绕共同的目标（满足客户需求），用创新的方法和工具（产品），相互依赖地共同合作，从而达到更高效率的商业模式。

※ 经营企业就是经营团队，经营团队就是经营分配，只有分配好了才有永远的关系，有了永远的关系才能永远地托起，托起的背后就是利益。

25
第二十五章

老板团队，你可能是公司成长发展的绊脚石

老板团队模式，就是指企业的拥有者和最高决策者（经常要拍板的人）个人或组织。

为了更好地理解老板团队模式，我们可以从3个维度来看待老板，这样就可以区分出他们中的普通人、高手和领袖。

（1）面对成功，不同的人有不同的理解。

普通人用自己的思维来思考别人成功的行为，高手用成功者的行为来思考自己的思维，领袖直接进入宇宙实相，以宇宙不自生便能长生的实相来支撑自己的思维。

（2）股票的涨跌，人心的层次不同。

普通人用自己的思维去思考股票的涨跌，高手用股票涨跌的行为去思考自己的思维，领袖直接进入人性的底层。

（3）信佛，从表面到本心。

普通人学佛法，高手学佛行、进佛心，老板最大的爱就是把员工的心和客户的心挂在自己的心上。

1. 老板和员工必须相互依赖

我们来分析唐僧的取经团队，如果唐僧一个人取经，手无缚鸡之力的他早就在路途中被妖怪吃掉了；如果孙悟空自己去取经，有通天本领却脾气暴躁的他早就回花果山当猴王了；如果猪八戒自己去取经，好吃懒做、谈吐风趣的他早就回高老庄结婚了；如果沙僧自己去取经，任劳任怨却中庸的他早就回水中当水怪了。

他们一起配合，唐僧负责导向和精神，孙悟空负责武力，猪八戒负责幽默乐趣，沙僧有担当。每个人都有自己不可替代的核心点，即使会争吵，但可以越走越远，距离目标越来越近，最终实现目的，取得真经。所以，经营企业就是经营人，经营人一定要洞悉人性、了解人欲，这些才能获得人心。

老板和员工都属于团队的一员，老板和员工是相互依赖的。

老板和员工到没有退路了，才能相互依赖。老板要杜绝"离开谁一样能干好"的想法，员工也不能给自己留退路。老板和员工都不给自己其他选择，老板和员工需要相互包容，没有退路才是依赖。

> **张雷点醒**
>
> 老板团队，是指拥有公司所有权和最高决策权的组织或个人，公司大一点的组织就是董事会或股东会。一个公司一个中心就是"忠"，一个公司两个中心就是"患"，所以一个公司只能有一个人说了算。很多公司没有一个绝对的权威，这是根本不行的。在关键的时候，一定要有一个人拍板说了算，否则这个公司基因不正。

> **思考**
>
> 想想你平时认为问题最多的3位员工，他们身上各自都有哪些缺点其实也是优点？企业的老板团队能做些什么，把他们身上的这些缺点变成优点？

2. 老板一变，企业发展无限

一个公司只能有一个中心，但是一个中心不意味着老板武断专横，而是要有一个先民主后集中的商议环境。这个老板团队模式要具备3个关键点，即自身境界、培养人的意识、分清轻重缓急的能力。

（1）老板最大的障碍是境界。

阻碍企业发展最大的那个人是老板，而阻碍老板成长的最大障碍就是老板自身境界。老板的境界不改变，企业永远也不可能变，或者到了瓶颈期后就再也无法突破。老板一变，企业发展无限。老板一定要在境界上高于员工，在技术上弱于员工，境界是横向和纵向、高度和宽度的结合，境界包含梦想、放下、敬畏3个方面。

① 梦想，老板要有宏愿之梦。

只有心怀伟大梦想的老板才会有境界。如果你只是为自己定一个小小的目标，例如对于你而言赚100万元就满足的话，当你真的已经有了100万元时，你就不再需要其他，对别人就很难再有包容之心，这样谈何境界？如果梦想要做成行业第一，要做世界500强，这个时候，老板什么都可以承载，敌人、朋友等能用的一切都要为你所用，这才是有境界。

不是自身有境界，而是梦想足够大，把这个梦想变成老板团队所有人的梦想，并让这家企业的成功去承载这个梦想。

② 放下，老板要敢于放手。

人们常说："做事应张弛有道。"做老板也是如此。老板要多做战略规划、商业模式的事，战术的事尽量让团队去做，自己少动手甚至不动手。其实，企业长大的过程就是老板不断放手的过程。在很多时候，老板们经常会出现一种状况，看别人做得不顺眼，总感觉别人做得不对，一直想自己动手。可到了最后才发现，下属做的结果也还不错，一颗心这才放了下来。这其实是老板不敢放手、不信任下属的表现，也是企业做不大的死穴。

③ 敬畏，老板要有敬畏之心。

老板要对行业有敬畏之心，对产品有敬畏之心，对团队有敬畏之心，对国家有敬畏之心，对社会有敬畏之心，对生灵万物有敬畏之心，这样的老板才不会膨胀。

（2）培养人的企业，才能做大。

老板的工作就是培养人，企业做大的过程是老板不断培养人的过程。如果企业还没有做大，是因为你还没有培养出人来，或者跟着你的人还没有结果，或者跟着你的人一个一个都离开了，甚至都变成了你的竞争对手。

① 企业的核心团队与下属的子团队都要构建。

老板必须先培养出自己的核心团队，然后再去帮助下属培养自己的子团队。企业的核心团队，是别人用钱都挖不走的。这里需要注意的是，公司要有未来、有爱、有情结，或者公司能用股权激励这些核心人员。例如，模世能与诚宇集团都设置了核心团队，模世能九大中心的每个中心都有一个核心负责人。

② 由老板向老师转变。

在整个企业不断做大的过程中，老板一定要从老板不断向老师进行角色上的转变，最终成为一位教练型领导。这个老师不是站在讲台上，而是下属成长路途上的导师，即便有时亲力亲为地做事，也是为了给下属做示范，正所谓一边当导师助推下属，一边做企业谋求发展。

③ 营造内部创业机制。

营造内部创业机制是培养有企业家精神的员工，让他们内部创业，就是为了给下属挑战和提升的空间，而这份挑战与公司下派任务最大的不同在于，这是员工最渴望得到的而不是被迫接受的。在模世能集团，也提倡内部创业，因此而打造了内部创业机制，员工只要做上总监，就可以向公司申请创业，由集团来投资，所以模世能才可以在很短的时间里开设50多家分公司，总共找到1000多位城市合伙人，同时还培养了包括咨询师和讲师在内的100多位老师。

④ 好员工是用出来的。

老板一定要敢于重用比你优秀的员工、比你有能力的员工。在使用这些员工的时候，请更多地去考虑如何发挥他们的长处，而不是怎么规避他们的短处。如果你自认为是一名高效的管理者，那么就多去问，"我的下属能做什么贡献？""他在哪些事情上可以做得比我更出色？"而不是"他哪些事情做不了？""我应该如何去规避他的缺点？"

⑤ 包容之心，用人所长。

如果一个老板没有包容之心，是用不了任何人的。

张雷点醒

> 包容指的是不去过多地关注对方的缺点，甚至能够在明知对方有错误的时候，不去争辩到底是谁的对错，而是看重思想境界和做人水准的高低，要的绝非小处的对错，而是双方的共赢。

包容的另外一种体现就是能够用欣赏的眼光去看待下属。对于下属，尤其是一些"三观"尚未定型或尚未成熟的年轻人来说，他们身上有一些自我意识、集体意识、大局观、专业技能方面的不足，但同时也有时代特征鲜明、学习能力强、适应能力强等很多优点。一个好的领导者是能够把这些性格上的特质一分为二去看待的，"多棱镜"看特点，"显微镜"看优点，"平面镜"看缺点。用欣赏的眼光看待下属，用引导的方式鼓励下属。

⑥ 不要让伯乐不快乐。

不要让寂寞的人太沉默，不要让沉默的人太寂寞。

⑦ 不断的学习。

老板不仅要自己不断学习，还要让团队不断学习，让自己的团队成为学习型的团队。

（3）精力有限，别再浪费。

把有限的精力、财力和物力花在该花的人和事上。事情可分为4个区域：一是紧急、重要的事，二是不紧急但重要的事，三是紧急、不重要的事，四是不紧急、不重要的事。老板应该把大部分的时间花在第二个区域上，花在不紧急但重要的事上。很多老板总是把先后顺序搞反了，大部分时间花在紧急重要的事情上，每天就像消防队队长，难道不是吗？亲爱的读者，我想请你思考一个问题，紧急重要的事情是从哪里来的？都是从不紧急重要的事上来的！因为我们忽略了这一点，把精力都放在了处理紧急且重要的事情上，而又因为自己有那么一点点儿拖延的"小毛病"，这些事情最终就变成了紧急重要的事情。所以聪明的老板一定会花更多的精力，放在不紧急但重要的事情上。

阅读思考

（1）想想你还记得心中的那个梦想吗？这个梦想是老板团队所有人的梦想吗？

（2）你对员工有包容心吗？你知道老板团队中所有人的所有优点吗？

（3）你不需要再去和其他读者分享，如果你心中有了这样或者那样的感慨，就去告诉你的团队。

26
第二十六章

用分钱的思路设计薪酬

一个不会分钱的老板，企业肯定做不大。甚至可以说，团队不是培养出来的，是分钱分出来的。很多老板的做法是先赚钱再分钱，这么做是反的，一辈子也赚不了大钱，应该是先分了钱再去赚钱，因为那更符合人性。

薪酬分配模式是指用分钱的思路去设计员工的薪酬，通过薪酬分配的方式，让员工多劳多得，获得更多合理合法收入的模式。

1. 业务类型的五种薪酬

业务类型的五种薪酬包括：低开高走、阶梯上升、只加不减、末位淘汰、互相竞争。

（1）低开高走。

底薪低，随着时间和经验的增加，薪酬会逐渐提高。

（2）阶梯上升。

通过企业内部的标准，薪酬阶梯上升（见表3-1）。

表3-1 模世能销售人员薪资模式考核标准

职位	升职标准
学习模式代表	入职培训3天并通过考核，成为见习模式代表，开始有工资
见习模式代表	底薪3500元，见习期一个月，不考核业绩，如没有重大违规处分，第二月自动转正为模式代表
高级模式代表	3700元责任底薪，连续两月达成14900元（5个快速盈利）任务，升级为储备模式经理
储备模式经理	2000元固定底薪+2000元底薪，连续两月达成业绩14900元（5个快速盈利）的任务，升级为模式经理
模式经理	2500元固定底薪+2000元责任底薪，连续两月达成业绩14900元（5个快速盈利）的任务，升级为见习模式总监
代理模式总监	2700元固定底薪+2000元责任底薪，连续两月达成业绩14900元（5个快速盈利）的任务，培养出3个模式经理成为模式总监
模式总监	3000元固定底薪+2000元责任底薪，连续两月达成业绩8960元（3个快速盈利）的任务，升级为模式副总经理或分公司总经理

公司职业上升渠道：模式代表→高级模式代表→储备模式经理→模式经理→代理模式总监→模式总监→模式副总经理或分公司总经理

（3）只加不减。

在企业的薪酬标准中，一般是只增加不减少。

（4）末位淘汰。

销售团队一定要制定末位淘汰制，不淘汰最后一名，就没有第一名。销售团队没有竞争，就没有动力，因为人都有惰性。如果一个公司的销售人员都没有动力，那就完了。人要想动起来，只有两个途径，一是追求快乐，二是逃离痛苦。如何让这两种行为更加有动力，那就要"奖要奖得心花怒放，罚要罚得胆战心惊"。

例如，一个胖子突然看到一个"两小时可以减掉5公斤，只需200元，如果减不掉200元退回"的广告，一下子就激动了，找到这家减肥店之后直接签协议交款。工作人员将他带到一个房间门口，一进去发现是一个穿着比基尼的美女，这个美女告诉他，只要你能追上我，就可以满足你的一个愿望，胖子左右看了看，拼命地追了上去，最后追了两小时也没追上，出来一称，果真减掉了5公斤。

过了一个月，胖子又发现减肥店的一个广告，两小时可以减掉10公斤，只需500元。胖子想到上次的体验，马上就交了500元。当他进入房间后，门被紧紧锁住了，房间中间的一个铁笼的锁却自动打开了，出来了一只大黑熊，龇牙咧嘴地向胖子扑了过去，胖子吓得转身就跑，一跑就是两小时。工作人员解救他出来的时候，胖子全身颤抖，出来一称减掉了10公斤。可见，胖子愿意运动的原因，第一是追求快乐，第二便是逃离痛苦。

（5）互相竞争。

通过互相竞争，让员工获得更多收益，实现更多价值。

· 经典案例 · 模世能薪酬分配的先分后赚

总部给营销中心定任务，如果营销中心完成500人的目标，奖励5万元；如果完成800人的目标，奖励10万元。营销中心老总觉得既然竞争，那就要公平一些，如果营销中心完不成任务自己就拿出5万元给公司。而公司总裁最后的决定是只需要营销中心老总拿出1万元即可，如果达到了500人，这1万元退回，另奖励这些参与竞争的人员5万元。如果这次完成了500人，先把奖励他们的5万元分了再说，等达到了800人的时候，再接着奖励。

在公司还没有上市的时候，老板开始卖未来、卖股票，只要公司上市了，员工手里的股票都可以变成钱，如果公司上不了市，股票就不值钱。如果老板把公司的股票都分出去了，员工持有了公司的股票，大家就会都等着公司上市，因为把公司做大、做值钱、做上市的时候，手里的股票才会更有价值。这样的公司能做不大吗？模世能还没上市的时候，内部的员工就都是股东了，也都买了公司的股份。现在的情况是，模世能自己不想做大都不行。

先分了钱再赚，而不是赚了钱再分。在模世能的内部竞争上，老板一定要敢给，要舍得给。员工要1，你就给他3，一定要尽量地让他们互相竞争去赢，这样士气才会越来越高。因为竞争是为了更好地成就员工，员工来公司，不是为了帮老板和公司实现梦想的，是为了帮自己实现梦想的。但有一点请记住，当老板帮助员工成就梦想的时候，老板自己的梦想还会实现不了吗？

2. 非业务类型的三种薪酬

非业务类型有高薪养廉、绩效考核、业绩共赢三种薪酬类型，通过这三种薪酬设计，可以让非业务部门的员工获得激励。

（1）高薪养廉。

把工资标准设定高于同行20%即可。

（2）绩效考核。

全员通过绩效考核奖励。

（3）业绩共赢。

当企业在设定一个盈亏平衡点时，超出其平衡点的盈利部分可以拿出一部分奖励大家。

3. 企业十大工资薪酬死穴

企业十大薪酬死穴分别是同级同薪制、业绩提成逐渐上升制、销售主管只拿团队提成制、大包大揽制、工龄无限加薪制、老板限薪制、全员提成制、私下红包制、年底红包制、固定工资制。

（1）同级同薪制。

同级同薪制的意思是同一级别的员工，发同样的工资。这么做的最大的问题在于忽略了同级别的不同岗位对于公司价值的差异性，例如销售总监与财务总监的贡献是否一致？研发部主管与行政部主管的岗位价值是否一致？

【解决办法】可以根据每个部门的贡献度来进行分红比例或者提成比例的设置，最终形成不一样的薪酬。

（2）业绩提成逐渐上升制。

很多公司的业绩，今天做1万元提2%，做3万元提3%……这里的弊端是，很多的业绩都可以给一个人，如果几个员工的业绩都算在一个人身上，他将拿到高提成。

【解决办法】在绩效考核这一块，可以将层次设定为3级，剩下的用各种奖励来支撑，例如冠军奖、亚军奖、季军奖等。

（3）销售主管只拿团队提成制。

对于销售团队人员不多、业务还处在开拓阶段的公司而言，如果公司有这样的提成制度，销售主管会把他的业绩全部给下属，这样很容易造成团队不公平，时间久了，这个销售主管就没有办法带团队，因为他自己都没有接触市场。另外，如果公司出现销售人员收入比销售经理更高的话，愿意带团队的人就会越来越少。销售团队就是靠业绩说话，一个只会做管理但不会做业务的经理，下属很难对其心悦诚服，这样经理充其量能做一些事务性安排，"管理"二字从何谈起。

【解决办法】销售主管或者经理不仅可以拿到团队奖励，还可以拿到个人提成，这样可以为公司节省资源，同时也可以让经理拥有一线的经验，不断带徒弟。

（4）大包大揽制。

很多公司就是大包大揽，都包给员工，这样很容易造成员工反水的局面。

【解决办法】精细化管理。

（5）工龄无限加薪制。

员工只要干满1年每月加100元，干满2年每月加200元，到了第20年每月加2000元。企业应该最多加到薪龄工资，年限工资加到500元，不是员工干得久就比别人厉害，因为干得久，老员工可以多加500元，但是不能无限多加。

【解决办法】最多只加几年。

（6）老板限薪制。

在公司的制度中，老板的工资只有1万元，其他人就不能拿到1.2万元了，如果有这样的限制，这个老板的职位也只能是公司的副总裁。

【解决办法】老板要拿高工资。

（7）全员提成制。

全员都提成，等于都没有提成，没有体现出差异和竞争。

【解决办法】不同的部门制定不同的奖励制度。

(8)私下红包制。

员工会有意无意地打听对方的红包大小，容易制造矛盾。

【解决办法】把奖励放在明面上，设置成一种奖励。

(9)年底红包制。

在没有规则的前提下给员工发放红包，造成员工间的矛盾。

【解决办法】设置成明文规定的奖励，大家都有机会拿到奖励。

(10)固定工资制。

人员按工作时间来计算工资，不是按业绩、效益以及效率来计算工资。

【解决办法】以绩效的提成设置薪酬。

阅 读 思 考

(1)如何把企业从培养团队向分配团队转变？

(2)参照上面的十大薪酬死穴，你的企业在薪酬设计的过程中都犯过哪些错误？

(3)你的企业成功地规避了哪些错误？具体是怎么做到的？

27
第二十七章

红利不只股东有，团队也有份

分红团队模式，是指公司为了尽快提升业绩或降低费用，以及稳定团队而采取的分配方式。

1. 分红团队模式好处多

分红是一种激励员工的手段，让企业员工稳定工作的招牌办法。在很多企业中，有不少员工是企业离不开的核心成员，如果他们中有人离开，企业会陷入半年甚至1年的暂缓运转的状态，有些时候会导致企业发展倒退5年，甚至致使企业倒闭。那么这些员工为什么要离开呢？

除了少数要创业的员工外，多数员工是对薪酬不满意，但若这个职位的薪酬已经到了行业内的高点，就需要引入分红模式。特别是在一些密集度高的行业里，熟练员工是企业的保障，订单不缺，可每年仍然会有大量的用工荒。这让很多企业的老板和人力都特别苦恼，但他们并没有拿出更好的方案留住员工。

不过，还是有一些企业用分红的方式留住员工的心。某制衣厂在春节后出现用工荒，工厂的老板联系老家的亲人，在元宵节后，才把工厂的员工凑齐80%。工厂老板终于松了一口气，因为80%的员工可以把接下来的订单完成了，不然他要赔客户钱。可是，等这个订单完成后，老板开始叹气了，因为虽然有新的订单和员工出现,但很多员工依旧会因为各种各样的原因离开,等第二年还得回去请客求人找员工,想了很多办法都不可行。

他觉得只有分红才靠谱,他决定拿出纯利的20%给全体员工分红,每年两次分红,年中和年末各一次。这样的分红,可以让员工更加信任老板。分红公告贴出后,员工们都喜气洋洋地议论纷纷,大家都在等年中的分红,看看到底是真还是假。

到了6月,老板真拿出了200万元,根据每个员工的不同,每个人至少多拿到了15%的收入,员工拥有了很大的热情。等到第二年年初,制衣厂不仅返回96%的员工,而且还多了50多名新员工。

同样是人员流通率大的行业,餐饮行业也开始采用员工分红制度了。有一家餐厅首创秘制砂锅,跟国内其他砂锅完全不同,而且就经营一类砂锅,开业不到4年,就开设了20多家餐厅,不仅在国内开店,还在国外开店。对这家餐厅来说,最大的问题是员工的流失率。连锁餐厅每年的流失率在40%左右,很多人觉得在餐厅做,完全买不起房、买不起车,这让餐厅的老板很苦恼,因为他很难帮助员工买房买车。

张雷点醒

> 分红作为一种分配方式,更是一种对员工的激励手段。通过合理分红,让员工离不开企业,稳定人心。

于是,他帮助员工改善住宿的条件,提高员工伙食的标准,常年对员工进行培训,对突出的员工进行物质奖励,终于在一次例会上他宣布,工作一年以上的优秀员工,可以参与股份分红的计划。

例如,开一家新店,需要150万元的费用,员工持股1.5万元,那么年底获得1%的利润,如果离职,也可以获得1.5万元的本金。企业获得新的资金,员工获得分红以及更多的收益。

·经典案例· 华为的分红团队模式

有一家科技公司,设定关于在职一年以上员工分红方案。将公司800万股的股票收益权转让给员工,其中每股按照1元转让,转让后的第一年,员工享有相应数量股票的利润分配以及资本公积转增股票的收益权,转让后的第二年起,员工除继续享有除利润分配等收益以外,股价超过40元的增值收益权,收益增值需要在一年以后逐渐兑现。

华为员工的薪酬分为基本工资、年终奖、内部股票分红3个部分。基本工资按照岗位来设定,从13级到23级,每一级分3个层次,上下级别的基本工资相差5000元左右。员工的工作时间越久,年终奖和内部股票分红会越来越多,不同级别之间的年终奖相差2万元到10万元,不同级别之间的内部股票分红3万股到20万股,当然越往上差距越大。本科、硕士入职是13级,博士是14级,到了18级就属于管理层了,在华为的17万名员工中,管理层约有1万人。

员工入职一年后,一般会配股分红。华为在2008年实行饱和配股制度,以级别和考核为考量,来确定员工当年的虚拟配股数以及虚拟股票总数。这个关系到奖金和分红,由于基本工资并不是所有薪酬的大头,所以配股分红被华为职工特别看重,对他们的激励作用非常大。

在华为2010年的年报中,华为为11万名员工的薪酬支出费用为306亿元,平均每人年薪约为28万元,这306亿元并不包括员工配股分红的约118亿元。2009年华为每股分红为1.6元,2010年每股分红2.98元,2011年每股分红1.46元,2012年每股分红1.41元,2013年每股分红1.47元,2014年每股分红1.9元。

2. 企业把控团队，合理分配分红

设计分红团队模式，企业采取了增加式分配、减少式分配、期权式分配三种分配方式。

（1）增加式分配，业绩翻番分红翻倍。

只要公司的业绩翻一倍，全员或全营销中心的人员翻一倍，例如公司多赚了10万元，拿出5万元给大家分红。

（2）减少式分配，支出减少部分拿来分红。

公司这个月的费用是50万元，如果公司下个月的费用减少了，例如减少了15万元的费用，拿出其中7.5万元分给大家。

（3）期权式分配。

例如，员工在公司参加培训学习，花了5万元，公司先让员工垫付，员工干满3年，公司把这笔钱还给员工。

阅 读 思 考

（1）如何从单维分配向多维分配转变？
（2）在以往分红设计的时候，你都犯过哪些错？
（3）你从事的是什么行业？请说出你能想到的5种分红模式。

28
第二十八章

想把他留下,就把他变成股东

股权团队模式，是指通过股权激励的方式，把公司相关核心人员变成股东，让他们以股东的身份参与决策、分享利润、承担风险，以致更好地同公司长期发展。

1. 提前想好入股方案，把核心力量用到位

一般来说，团队的高管会遇到回扣的现象，在他的心中，公司是老板的，并不会觉得省下这一点回扣会对公司有多少贡献，但是如果长期存在这样的情况，那么公司会多付出许多的成本。

例如电商的采购经理，遇到各种各样的供货商，在选择优质供货商的时候，可选择性太多，那么这个时候供货商就会过来谈折扣了，在行业规则中，会出现回扣现象，例如在采购折扣上加5%的价格，而这个5%就是回扣。

当他与公司的利益一致的时候，公司的利益受损，他也受损。如果公司给这个员工一部分股权，并且让他回购一部分股份，那么他和公司的利益一致，公司就会减少很多损失，同时向心力越来越强。

一般来讲，创业团队最容易给员工提出股权的计划，只有好的股权激励才能让团队更加稳固，并且让员工和公司的长期利益一致。某一公司创业期间，老

板和员工的价值观是一致的，都希望把公司做好，而员工也愿意拿着比同行低许多的工资来跟老板一起奋斗，老板看到员工都这样上进，他也画了一个股权激励的饼。

当公司做到一定规模的时候，老板给员工高于同行很多的工资来作为补偿，同时设立更高的奖金来激励大家，但是大家并没有当初那般努力了，这个时候老板也不好意思要求员工更加努力奋斗了。

当公司的业绩出现了一些麻烦，公司气势又比较衰弱的时候，老板不得不咨询一些股权激励的专家，来对员工实行股权激励计划，通过一定的股权激励措施，让员工持股，终于稳定了公司的局面。

公司设立了15%的股权池，平均给每个早期创始员工0.25%的股权，剩下的股权池用于突出贡献员工奖励以及股权购买计划，这让员工的积极性得到了很大提升，同时提出了更多建设性意见。

在一家装修公司中，有一个叶姓业务经理包揽了全公司80%的业务量，并且跟很多房地产企业的老总或者老板关系匪浅，叶经理和公司老板的关系也非常不错，不止一次听说公司老板赚了大钱，小汽车都换了好几辆了。

他没有把这些当作事，即使有其他公司的老板过来挖他走，但他跟自己公司老板的关系不错，并不想随便换一个地方。当然公司老板也在提高其他业务经理的能力，以此来平衡叶经理的影响力。

有一天，B公司的老板来挖叶经理，这位老板不仅好言相劝，还提出合伙人制度，即希望他以资源入股的形式进入这家公司。这让叶经理很是心动，因为现在他的业绩再好，也只是员工，并不是老板。

每个人心中都有当老板的想法，所以这点很容易激起叶经理的老板梦，叶经理决定考虑再说。没多久，公司老板知道了叶经理与B老板会面的消息，公司老板也着急赶了过来，希望叶经理入股公司，以现金和资源形式入股公司。虽然有现金要求，但是叶经理感觉老板本人更靠谱一些，于是入股了公司，成了股东。

叶经理在当了股东以后，有些资源如果自己不适合做，便开始分给别的经理。这让公司老板特别高兴，可以更大限度地利用股东，这才是真正的股东，公司老板更加放手将业务交给叶经理了。在年底，叶经理升职为总经理。

这是员工被动升级股东的情况。优秀的老板会发现，每个优秀的人心中都有一个老板梦，所以在适当的时候需要让员工合理入股。

· 经典案例 ·

有一家饭店，老板是川菜厨师，除了服务员以外，剩下两个徒弟。其中一个是老徒弟，已经在这家饭店干了10年，老徒弟学习能力很强，学习的第三个年头就把师父的一身手艺学到手了，又在师父身边无偿效力了3年，不仅融会贯通，还把湖南菜、湖北菜研究透彻，很多食客如果不点川菜，必定会点湘菜。后面4年，老徒弟开始拿到普通厨师的薪水，师父也没亏待他，老徒弟开始创新一些菜，从家常菜中演变出川湘菜，做出不一样的味道。

10年来，这家店越做越大，并且累积了大量的老顾客，老徒弟功不可没，很多顾客来店必点他做的菜。师父很认可他，想着让他在几年后自己开新店，或者给他投资开新店。

等到他拜师10年的那一天，师父跟他聊了很久，问明了他的想法，结合自己的思路，给他一个建议——开分店。两个人按照一定的比例分配股权，老徒弟特别高兴，想不到师父真正在为徒弟着想。后来这家分店开得比总店都好，师徒二人又开始商量新店的事情，也在商谈股份和掌管人。

2. 同路人才能入股

设计股权团队模式，公司需要注意共同的价值观和理念、入股必须拿钱、入股人员必须能独当一面3个关键点。

（1）共同的价值观和理念，公司才能长久。

如果员工都不认可公司的价值观和理念，这个股权是最可怕的，因为这个员工迟早都要走的，所以入股的员工必须要认可公司的价值观和理念。

（2）入股必须拿钱，这样具有对公司的认可度。

拿多拿少是一回事，但必须拿钱，员工入股是真认可公司还是假认可公司，一提钱就知道了。举一个例子，今天入股让员工拿500万元，员工拿不出，但是让员工拿10万元都不肯拿。这么看，500万元拿不起那是能力问题，10万元都不肯拿那是立场问题。能力可以培养，骨子里不认可公司那就难了。

（3）入股人员必须能独当一面。

什么人才能入股公司，要求其能力必须能够独当一面。

阅读思考

（1）如何把公司从只属于老板的变成老板和员工以及客户共同的？
（2）在以往股权激励的时候，你都犯过哪些错？
（3）你从事的是什么行业？请说出你能想到的5个股权激励优秀的团队。

29 第二十九章

团队不是培养出来的，是提拔出来的

晋升团队模式，是指团队不是培养出来的，而是提拔出来的。有什么样的岗位，就造就什么样的能力；有什么样的团队，就造就什么样的人才。

1. 晋升要点，不在其位不谋其职

很多人觉得员工是培养出来的，其实不然，员工是提拔出来的，正所谓"不在其位不谋其政"。一个公司最大的死穴是老板让员工好好干，让一个员工在员工的位置上好好干，等员工有能力了再提拔员工，但老板把员工放在一个基层员工的位置上，他这一辈子都具备基层员工的能力，老板永远也没办法提拔他。如果直接把他放在经理的位置上，3个月后他就会具备经理的能力，这是核心。所以说，人才不是培养出来的，是提拔出来的。

说一个简单的问题，如果员工不是股东，他会去考虑水电费的问题吗？答案当然是否定的，多数员工都不会考虑的，因为这些水电费的支出跟员工并没有多少关系。

在一家连锁服装店，店员每天做的事情是销售服装和整理货架，对其他货位的销售情况并不关心，只要管好自己的一小摊事情就行。员工也没有多少野心，在公司，每天完成销售任务，跟同事一起聊聊天，晚上回家陪家人，小日子过得挺不错。其实店员也想过当店长，但是她觉得自己能力有限，做不了店长这个工作。

有一天，店长要去开拓新店，推荐她做新店长，大家都以为她做不长的，想不到没多久，这家店的业绩就快速上涨了，在年底的时候这家店是所有店面的销售冠军。

张雷点醒

公司团队不是培养出来的，是提拔出来的。一个基层员工永远不会想管理层面的问题，只关注自己的本职工作。当老板通过晋升通道，或根据其能力将员工提拔到相应岗位，将会收到不一样的效果。

·经典案例· 腾讯、百度、华为等公司的晋升体系

腾讯公司的晋升体系做得比较完善，分为专业发展和管理发展两个方面。专业发展分为助理工程师、工程师、高级工程师、专家工程师、科学家、首席科学家6个大级别，每个级别分3个子级，全年有两次评估，如果评估合格那么就可以上升一个子级，3个子级后就可以上升一个大级。晋升标准是工作年限、考核成绩、业务核心程度、贡献程度、专业通道面试（这里的硬性要求更高），高级工程师这个第三级别是一个选择门槛，既可以成为骨干，也可以带团队，往上的升迁管理就更复杂了，不过同样需要考核，并且要求会越来越多。

管理发展分为基础管理、中层管理、高层管理，其中基层管理者在晋升之前，就已经独立负责业务了，负责带一部分团队，管理能力在工作中得到了检验，正式认命之前，还需要参加管理者的培训课程，在全方位的

考核完成后，还需要做一个正式的答辩，通过才会被任命。

在腾讯，专业通道和管理通道的人员是可以互换的，这让一些不愿意做管理的人有了更好的业务发展空间，由于越往上专业难度越高，所以专业通道的上升难度会越来越大，同时会有更多的业务以及授课让专业难度不断加大。

百度、华为等大公司都有非常专业的晋升通道，而中小型企业并不如此，更加注重的是简单、高效，员工除了业务能力，再有优秀的表现、习惯以及特长就能够得到晋升的机会，即使刚入职满一月的员工竟然也能晋升一级。

A到了一家中型电商公司，处于最基层的核心岗位，在最初面试的时候，他与老板进行过面谈，沟通还算顺畅。一天晚上9点他从公司下班，准备等公交车的末班车，老板恰好开车路过公交站。出于一片好意，老板打算送A一段路程，A在推辞一番上车后，却发现里面有老板的朋友。

老板问明他这么晚回家的原因、公交车最晚几点等。A回答说自己住得有点儿远，每天晚上9点10分有一趟公交车，最晚9点20分发车，一般遇到雨雪天气会推迟10分钟发出。经过一段时间测试统计出来，统计过程中光车费就花了200多元。

想不到老板的朋友惊讶地说，你们员工做事能力太强了，这话让老板特别高兴。等到第三天，A被人事部通知，工资待遇晋升一级。

2. 考核员工，设定晋升通道

设计晋升团队模式，企业要把握3个关键点，即业绩考核、培养人考核、综合考核，岗位需要竞争和考核，设定晋升的竞争通道。

（1）业绩考核、培养人考核、综合考核。

既要有业绩考核，也要有培养人考核，还要有综合考核。第一，提拔一个人，需要部门的业绩考核。第二，光业绩好没用，充其量只会做业绩，不会培养人。第三，综合考核，一年一个人在公司的价值是12分，员工只要低于6分，就过不了公司的综合考核关，综合考核不过关就没有办法被提拔成管理层。

（2）岗位需要竞争和考核。

既要有进也要有出，既要能上也要能下，所有岗位必须通过竞争或考核来晋升。

（3）设定晋升的竞争通道。

既要有楼梯也要有电梯，对于那些对公司有特殊贡献，愿意努力奋斗的员工可以给他一个晋升的通道。一个公司的员工既有一步一步地往上升的，也有个别的员工敢比拼、敢担当，不给自己留后路，愿意给公司干，并且过去表现很好，对公司都有贡献，他就可以直接竞聘领导岗位，或者直接到公司内部创业。以下是模世能的晋升标准（见表3-2）。

表3-2　销售人员晋升模式标准

职位	升职标准
学习模式代表	入职培训3天并通过考核，成为见习模式代表，开始有工资
见习模式代表	底薪3500元，见习期1个月，不考核业绩，如没有重大违规处分，第2月自动转为模式代表
高级模式代表	3700元责任底薪，连续两个月达成个人业绩14900元（5个快速盈利）的成交业绩，带领2人以上，其中至少1名是高级模式代表，高级模式代表必须是直属销售团队，升职当月所带下属必须拿到全额底薪，并且年综合考核合格（满分12分，6分以上为合格），可申请储备模式经理

续表

职位	升职标准
储备模式经理	2000元固定底薪+2000元责任底薪，连续两个月个人业绩达成14900元（5个快速盈利）的成交业绩，至少带领5人，在公司自己招1人，同时所招人员已成为高级模式代表，直属下属至少有3人，其中直属销售团队至少有1名储备模式经理、1位高级模式代表，升职当月直接所带下属必须拿到全额底薪，包括直属下属团队需要有5人拿到全额底薪，并且年综合考核合格（满分12分，6分以上为合格），可申请模式经理
模式经理	2500元固定底薪+2000元责任底薪，单月个人成交业绩达到14900元（5个快速盈利），团队业绩达到86420元（29个快速盈利，含个人业绩），培养1名模式经理和1名储备模式经理，升职当月直接所带下属必须拿到全额底薪，模式经理必须是直属销售团队的，并且年综合考核合格（满分12分，6分以上为合格），可申请代理模式总监
代理模式总监	2700元固定底薪+2000元责任底薪，单月个人成交业绩达到14900元（5个快速盈利），团队业绩达到259260元（87个快速盈利，含个人业绩），必须培养3名直线模式经理，其中直属销售团队的至少2名，最多只能直接带5名模式经理，并且年综合考核合格（满分12分，6分以上为合格），可申请成为模式总监
模式总监	3000元固定底薪+2000元责任底薪，单月个人成交业绩达到8940元（3个快速盈利），团队业绩达到414220元（139个快速盈利，含个人业绩），培养1名模式总监和3名见习模式总监，模式总监必须是直属销售团队的，并且年综合考核合格（满分12分，6分以上为合格），可申请成为分公司总经理
分公司总经理	分公司总经理享受所在公司20%股权激励及相关的总经理待遇，相关业绩目标由集团统一下达

阅 读 思 考

（1）如何让员工从自己成长变成逼着员工成长？

（2）在以往提拔员工的时候，你都犯过哪些错？

（3）你从事的是什么行业？请说出你能想到的5个应该提拔的岗位。

30
第三十章

员工开心了,客户也就开心了

快乐团队模式，是指为了增加员工之间的凝聚力，让每位员工更好地工作、生活而营造一种文化氛围的商业模式。

1. 快乐团队模式的设计思路

快乐团队模式，主要针对的是员工。公司主要有四种员工：第一种员工是忠诚的，有能力、有技术，认同公司的价值观；第二种员工是不忠诚的，有能力；第三种员工是忠诚的，没能力；第四种员工是不忠诚的，没能力。仔细分析发现，第一种员工可以给公司带来财富，所以是财；第二种员工充其量是一个人才，但是不一定有老板会重用；第三种员工是材，木材的材，木材可以被雕刻成各式各样的东西，所以能力可以后期培养；第四种员工一定会被辞退。

如果老板连辞退一个员工的勇气都没有，那就不要当老板了，辞退员工并不是对员工不好，辞退员工也是一种爱，因为这样既不耽误他的前程，也不耽误公司的发展。我是辞退过员工的，当年诚宇有这样一个员工，只求安稳做好自己的本职工作，我想要激励他，他却有了不愉快，便离开了。

想不到过了两年，他真的回来"报复"了。原来他在另一家公司不断上进，得到了老板的重用，通过不断地打拼，当上了总监，最后在公司内部创业，终于熬出头了。他是回来感谢的，因为没有我当年"骂"醒他，他就不会赌气拼命前进。其实，在社会上，属于每个人的格局都是不进则退的，如果不适应社会，就会被社会淘汰。

> **张雷点醒**
>
> 快乐团队模式是一种文化氛围，企业不只是员工工作的地方，也要让员工体会到家的温暖。在快乐的氛围里工作，工作也会事半功倍。

·经典案例· **Facebook（脸书）如何创造快乐的工作氛围**

在美国的硅谷，社交网络服务网站Facebook的工作环境非常不错。企业为生病的员工配备了专职的医生，为工作压力大的员工配备了按摩师和理疗师，公司员工的孩子可以带到公司来。

Facebook还给员工提供丰富、免费的工作餐，这里的食堂让不少吃货员工都不想回家，完美的美食带给员工更加快乐的工作氛围，办公环境舒适、自由，上下班地点拥有便捷的交通工具，同时还提供班车。

更让人惊讶的是，Facebook还给员工提供了用于冷冻卵子的2万美元经费。在公司的生日派对上，员工都能收到一份生日礼物。Facebook的员工在选择办公电脑上，可以随意选择，无论何种电脑都可以满足。

·经典案例· **阿里巴巴如何追求快乐的工作氛围**

马云一直提倡和强调快乐工作的重要性，他甚至说过"员工第一，客户第二"的话，只有员工开心了，客户才会开心，所以阿里巴巴允许员工穿旱冰鞋上班。

　　阿里巴巴还成立了阿里日，在每年的5月10日，员工的家属可以参观阿里巴巴，观察自己亲人的工作环境，马云在这一天为员工的集体婚礼做主婚人。阿里巴巴有兴趣小组，例如足球派、篮球派、宠物派、吉他派等，跟大学的社团组织一样，在公司的内网发展会员，组织会员活动。

　　除了工作环境以外，阿里巴巴对员工实现自己的价值也非常看重。阿里巴巴有一位老员工，入职的职位是前台，随着阿里巴巴的快速发展，诞生了许多新职位，这位老员工实现了事业方向上的多次转变，岗位一直在变化，最终成了高管。

　　阿里巴巴的考核也非常人性化，主管对员工的考核，都是从绩效考核谈话开始的。在谈话结束后，职员可以看到主管的评价，如果员工觉得其中有问题，可以跟公司的人力资源部反映，如果还觉得有问题，可以写信或者打电话给总裁。

2. 硬件、软件、要件，一个不能少

设计快乐团队模式，企业需要注意硬件、软件、要件3个关键点。

（1）硬件：办公设施、环境过硬。

要想有快乐的文化，必须有硬件。公司轻松的办公设施、办公环境，就是硬件。

（2）软件：企业规章制度合适。

就是公司的企业文化和相关的规章制度。

（3）要件：企业分配模式符合目前发展。

要件在于公司的分配模式。

阅 读 思 考

（1）如何让团队从被动干变成主动干？

（2）在以往团队氛围建设中，你都犯过哪些错？

（3）你从事的是什么行业？请说出你能想到的5个最好的快乐团队。

有10年的行业经验以及大学本科毕业。我当时看看他，说："你的这些学历和10年的经验，在我眼里、在我心中什么都不是。你知道什么是能力吗？你最需要的能力就是搞定你老板的能力，或者让你的老板认可你的能力。"

这个高管在10年间换了8份工作，也没有找到一个好老板，他觉得"天下老板一样黑"。我说，我也是老板，我比你们老板更黑，就剩你一个不黑，所以没人要你，再换几份工作，你这一辈子就完了。这个高管听完后，当场就被骂醒了，求我教他几招，让他能够转变过来，让老板信任他。

这个高管在一天的早会上，趁着大家都在，突然走到台上说："今天我想说两句，我们老板也在，我换过8份工作，现在的老板对我这么好，我还不知足，天天说老板不好，说公司不好，请大家见证，从今天开始，我死心塌地给公司好好干。听完张雷老师的课才知道，这么多年我不断换公司，其实不是老板的问题，而是我自己的问题。"

老板也很感动，忙说自己也有做得不好的地方。从此之后，老板开始重视他了，并在半年后提拔了他。

一个员工最大的悲哀是干了5年以上，都没有成为公司和老板的一伙人，今天不是单独创业的时代了，在现在和未来一定要在公司内部创业，和老板一起创业，让公司将来变成股份制。

单打独斗的时代已经过去，合作联盟的时代已经到来。在10年、20年前，很容易创业成功，但在今天，积攒了几十万元，做一个店亏损了，钱就会付诸东流，还不如跟老板合伙开一个店，来一场内部创业。

> **张雷点醒**
>
> 老板和员工的关系是相互的，企业成为"家"，员工自然也愿意付出，真心对真心。

2. 价值观一致，分配方式先进

设计一伙人团队模式，企业应该把握3个关键点，即教育培训、改变分配方式、淘汰换人。

（1）教育培训员工，培养一致的价值观。

如果一伙人的价值观不一样，那就要先培训，也就是先教育，更加直白地称为"洗脑"，学习就是去"洗脑"。

（2）没有一伙人模式，那就需要改变分配方式。

如果老板不能打造一伙人，要么是教育出了问题，要么是利益分配出了问题。

（3）员工跟老板不能一伙，只能忍痛淘汰换人。

如果该培训的培训完了，该分配的也分配完了，员工还不能跟老板成为一伙人，那就只能忍痛淘汰了，按照《劳动法》的规定，直接给出赔偿，然后辞退。

3. 老板的人品是品牌

老板要想成功，首先他自己就要打造自身，老板的人品就是品牌，老板就是公司最好的"产品"，有什么样的老板就会做出什么样的产品来。老板成功的关键点有3个：一定不能做连自己都看不起自己的事，一定不能欺骗相信你的人，永远不要忘记人生的原点。

（1）一定不能做连自己都看不起自己的事。

在最穷的时候都不做让自己看不起自己的事，不能偷、抢、吸毒，不然你自己都看不起你自己，所以做一个真正男人，有3点不能做——不该赚的钱不能赚，不该连的关系不能连，不该碰的人不能碰。

（2）一定不能欺骗相信你的人。

若欺骗了相信你的人，那么剩下的都是不相信你的人。

（3）永远不要忘记人生的原点。

好好地活着，并且越来越好。到任何时候都不能寻短见，因为人的生命只有一次。

阅 读 思 考

（1）如何让员工为公司干变成员工为自己干？
（2）在以往设计企业平台的时候，你都犯过哪些错？
（3）你从事的是什么行业？请说出你能想到的5个优秀平台团队。

32 第三十二章

分类管理和绩效评定让团队效能更高

类别团队模式，是指公司的团队一定要分类管理和评定绩效，以致更好地让员工成长和发展，也更有利于公司用更好的产品服务更好的客户。

1. 分类管理，层层绩效

类别团队主要是将团队分成几类，例如普通员工、中层员工、高层员工。根据每个层次来管理，对不同的层次设定不一样的绩效考核，对产品的生产流程也设定相应考核和监督，以保证企业的团队和产品正常运转。

在普通员工一层，对不同的工作性质，提出绩效管理。例如每个人每个月完成多少销售额，如果完成了任务，可以给予适当奖励；如果完不成，需要给予相应惩罚。如果一个部门员工的任务都没有完成，那么这个部门的主管要负主要责任，需要承受因完成不了任务带来的惩罚。

当几个部门主管都没有完成任务的时候，那么分管这些部门的老总将会受到批评，并且会获得较大的处罚。

·经典案例· 某化妆品公司如何进行分类管理

一个化妆品销售公司,在销售旺季,整个湖北地区都没有完成当月任务,继而使得整个华中地区也没有完成当月销售额,所有销售员每人罚款500元,销售经理罚款1500元,销售大区经理罚款3000元,地区经理罚款7000元。

通过1个月的努力,华中地区超额完成任务,为此奖励地区经理8000元,大区经理4000元,销售经理2500元,销售员1500元。这让员工都感到物超所值,这个月的劳累是值得的,并且打算下个月再接再厉。

有一些公司的监督考核官员并不好当,很容易上下不讨好。财务工作是一个特别难做的事情,由于每个职员的额度不同,每个项目的情况不同,导致经常会出现多报、票据错漏的现象,员工提成会集中在某一个人身上。

合理避税是企业的一个生存法则,但如果票据错漏过多,会让财务人员重新做账,甚至会被工商税务部门批评,如果批评次数过多,工商税务部门每年审核财务报表的时候会更加严格。所以需要制定一定的制度来管理。

由于有的公司的提成制度是阶梯上升的,所以有员工会把提成集中在一个人身上,但这违背了个人的诚信。如果公司的相关资料有漏洞,那么很容易出现问题,所以需要制定更加明晰的客户资料来管理。

在现代企业普遍采用的绩效管理制度中,值得一提的是阿里巴巴的绩效方法,它打破了"大锅饭"的平均主义,还对所有员工层次都进行考核,对最好的20名进行奖励提升,对最差的10名进行追责。阿里巴巴按照每季度、每年度业绩考核、价值观考核,最初实施的是"271考核法",各部门主管按"271"原则对员工的工作表现进行评估:20%超出期望,70%符合期望,10%低于期望。即20%的人得到更高的加薪或者奖金或者升职,70%的人会得到普通的加薪或者奖金,最后10%的人没有加薪或者奖金。后来为了鼓励更多的优秀员工，实行了"361原则"，即30%的员工获得好评，60%的员工获得一般评价，10%的员工获得差评。

联想的绩效考核更不一样。不同研发团队的两个员工相比，A完成项目多，B完成项目少，但A的考核分数低于B的考核分数，原因是A项目多，可团队成绩一般，B项目少，可团队成绩高，而在联想的考核中，强调团队分工协作，强调团队的成绩，而团队成绩直接影响到个人成绩。

员工考核的收入公式=$P \times Q \times G$，其中P是部门业绩考核系数；Q是个人业绩考核系数；G是岗位工资，Q受到P的影响，G一般是固定值，这个公式是平衡团队和个人业绩的一个方法，只有个人和团队业绩都达到最大值的时候，收入才会高。

2. 绩效管理是面，团队监督是里

设计类别团队模式，企业应把握3个关键点，即落差、系统、监督。

（1）落差。

团队要分层设计，要有层次感，让大家感觉到落差，没有50倍的落差就不可能有50倍的拉力。

（2）系统。

公司的服务系统要完善，如果没有系统工具做支撑，即使分层管理，也不会有什么效果，甚至乱成一团。

（3）监督。

在团队上，第一点是要员工明白，他为什么要干；第二点是一定要员工明白，为什么要跟着公司干；第三点是要教他怎么干；第四点是要进行监督考核，员工只会做被别人检查和监督的事；第五点是奖励和惩罚。

阅读思考

（1）如何让员工从没有尊严地工作变成有尊严地工作？

（2）在以往分类员工的时候，你都犯过哪些错？

（3）你从事的是什么行业？请说出你能想到的5个优秀分类团队。

作者的忠告

做企业就是做人，做人就是做关系，做关系就要有利益（物质、荣誉、精神）。只要有永远的利益，就会有永远的关系，有永久的关系就会有永久的托起，关系的背后是分配，分配的背后是团队。

当企业设计好自己的客户模式后，企业就不缺客户；当企业根据客户模式设计出产品模式，企业的产品就能更好地帮助客户解决困惑和满足需求；当企业根据客户模式和产品模式打造出自己的团队模式，这支团队就能以需求为基础，通过产品载体运作，让企业的产品能够真正帮助顾客解决困惑、满足需求，从而实现客户永远离不开企业、企业快速盈利的最终目的。

后　记
致我生命中的那些贵人

一本著作的完成从来不是一个人的功劳，它需要许多人的默默奉献，闪耀的是集体的智慧。其中铭刻着许多艰辛的付出，凝结着许多辛勤的劳动和汗水。

本书在策划和写作过程中，得到了许多合伙人的关怀与帮助，在此向他们致以诚挚的谢意，他们分别是（排序不分先后）：

湖南中一游乐设备有限公司董事长张庆春

安徽凯航尊典照明电器有限公司董事长孙建军

骨干精英餐饮管理（大连）有限公司董事长霍保中

中国疯狂英语创始人（董事长）李阳

欧体全装饰材料（上海）有限公司董事长应体泉

北京森工木业有限公司董事长徐玉才

深圳薇妮普斯服饰有限公司董事长张勇

安徽合申倍汽车用品有限公司董事长顾永芳

甘肃巨鹏清真食品股份有限公司董事长张琇灵

福建阿楷餐饮管理有限公司董事长蔺学楷

北京安盛绿化工程有限公司董事长盛增波

安徽风行拓展有限公司董事长吴善武

云南绿野圣品农业开发有限公司董事长孙丽娥

衡水市裕泰商贸有限责任公司董事长李芊臻

上海隆弛汽车用品股份有限公司董事长邓伟兵

上海客多多餐饮管理有限公司董事长王磊

山西万亨餐饮有限公司董事长苏万亨

廊坊市三原色装饰装修工程有限公司董事长刘平峻

贵州巴蒂米澜服饰有限公司董事长刘忠林

安徽省盛世基业智能停车管理有限公司董事长汪谷

安徽马家姊妹面皮餐饮董事长马红玲

安徽永续日用品经营部董事长张震

掌上白银自媒体创始人李东清

会同县山人菜匠生态养殖专业合作社董事长王小波

安徽颐道养生有限公司董事长王素梅

山东世纪采尚广告信息有限公司董事长李子燕

石家庄婴乐卫浴科技有限公司董事长蔡斌斌

合肥嫉妒啦餐饮管理有限公司董事长储成功

深圳德众尚杰汽车电子有限公司董事长程卫兵

昆明亮鹰经贸有限公司董事长唐伟

上海诚宇包装制品有限公司总裁张家辉

上海创茶手餐饮企业管理有限公司董事长张家彬

河南牧草莉丝化妆品有限公司董事长李洋

阅读是一种享受，写作这样一本书的过程更是一种享受。在享受之余，我们心中也充满了感恩。另外，因为在写作过程中不免会有错讹，望看书的您多提宝贵意见，我定当吸收改正。

张雷

2018年6月